本书由上海大学基础教育"攀登"计划专项基金资助

留水行云
——学科德育项目化学习案例集

陈肖前　主编

LIUSHUI XINGYUN
XUEKE DEYU XIANGMUHUA XUEXI ANLIJI

上海大学出版社

图书在版编目(CIP)数据

留水行云：学科德育项目化学习案例集/陈肖前主编.—上海：上海大学出版社，2024.4
ISBN 978-7-5671-4952-6

Ⅰ.①留… Ⅱ.①陈… Ⅲ.①中学-德育工作-案例 Ⅳ.①G631

中国国家版本馆CIP数据核字（2024）第064023号

责任编辑　傅玉芳
封面设计　倪天辰
技术编辑　金　鑫　钱宇坤

留水行云——学科德育项目化学习案例集
陈肖前　主编
上海大学出版社出版发行
（上海市上大路99号　邮政编码200444）
（https://www.shupress.cn　发行热线021-66135112）
出版人　戴骏豪
*
南京展望文化发展有限公司排版
上海东亚彩印有限公司印刷　各地新华书店经销
开本710mm×1000mm　1/16　印张13　字数219千
2024年4月第1版　2024年4月第1次印刷
ISBN 978-7-5671-4952-6/G·3613　定价　58.00元

版权所有　侵权必究
如发现本书有印装质量问题请与印刷厂质量科联系
联系电话：021-34536788

本书编委会

主　编

陈肖前

副主编

何晶晶　徐舒年

编　委

（排列不分先后）

殷　婷　楼　芳　沈安晴　焦　艳　熊　俊　葛铭嘉
陈瑜婷　沈　静　严海翔　夏阳刘　陈鸿佳　徐玉婷
钱　燕　鲁再萍　王文娟　陈　溪　侯玮婷　李致远
滕林林

序一
PREFACE
陈肖前

用PBL的方式培训PBL

说起对PBL（Problem-Based Learning）的认知，最早可以追溯到2010年。当是我在澳大利亚接受英语教学的培训，当地的教师运用多个项目式学习，让我们快速了解澳大利亚风土人情，也学习了一些活动项目。从那之后，我一直在思考一个问题——PBL仅仅是一种学习方式、仅仅用于教育教学吗？

在阅读一些芬兰学习者的博文时，偶然间发现一个有趣的现象，他们不仅在芬兰项目式学习中，更把生活中各种任务，用这种方式去解决。这使我茅塞顿开：万事皆可PBL。如果想让教师们习得PBL，不如试试用学校如何运用项目式学习的方法让教师们学会PBL这项教育教学技能。

既然是PBL，那么就有驱动性的核心问题：如果你是管理者，如何让教师们学会一种新技能？这是一种什么样的技能，为什么要学习，它的重要性和必要性是什么？首先要解决一些价值观上的问题。在学习理论概念的基础上，如何让这种新技能付诸实践？那就要经过"HOW"这个环节，有反思，有调整，再实践。我想只有通过这样的过程，才能让教师们学会一种新技能。

因此，在建构教师培训技能的过程中，可以在学习层面、探究层面和创造层面上，努力让教师们的价值观产生转变。从知道、了解，到认同，最后到乐于创造。同时，也需要通过学科教研组来夯实本学科知识，建立跨学科实验室，来习得跨学科的知识，打通学科与学科的边界。

对于项目式学习设计这个环节，更要关注教师是否能够对驱动性问题设计、学习支架设计、工具与资源设计这些方面有比较清晰的认识，进而初步形成自己的项目式学习学案，在导师的指导下修改、实践、再反思。在整个实践的过程中,既需要个人的主动探究,也需要团队的合作探究。也许在起始阶段,教师们并不具备这些能力,但在结束时,他们一定能够具备探究能力、技术应用能力、思考能力、社交能力、交流能力和管理能力。

如果想要把教师培训有效落地,还需要各部门的有力支撑,而非教师成长中心的单打独斗。所以,从校级建设组织架构中可以看到,教学部门、德育部门通过各自分管条线下的项目组来实现整个培训的计划。当培训的思路、目标确定,组织有保障之后,就是有计划地推进。想让一个PBL落地,一张有序推进的schedule,我认为这是必要的一个环节,也是很重要的一个环节。

学校每个学期学业测评结束后,学生会有一周的时间进行连续性的学科德育活动,称为"Peculiar"留云学科项目实践活动。在这一周时间内,各学科教师会带领学生围绕学校周边的自然景观、社会场所,以留云湖为中心,开展丰富多彩的学科活动。2010年的策划阶段,我首次提出要进行项目式学习,这是一个概念式的提出。当时,团队中的教师其实对PBL并不是那么了解,通过提供的活动案例,教师们以自学的方式,做了第一轮的摸索。

然后我们通过"线上+线下"结合的学习方式来进行培训。共读了《准备》这本书,以及夏雪梅教授编纂的《项目化学习的实施:学习素养视角下的中国建构》等系列丛书。这时教师们的状态就回到了大学时代。教授布置阅读读物,自我思考,自行对照学科活动来反思,小组活动,头脑风暴,调整设计方案。这个时段,之前没有参与到"Peculiar"留云学科项目实践活动的教师也开始关注PBL。

所以在一个学期之后,不同学科教师在一起共学时,跨学科项目实验室就碰撞出新的火花。文物修复项目、定向越野项目、"我与自然"板块项目等也孕育而生。此时的设计其实还不是很成熟,也有很多不足之处。但难能可贵的是,这些基本都是教师们自主开发的项目,也是自愿尝试的项目。这就让一部分认为PBL很有用的教师冒了出来,去带动更多的同事。

在新冠肺炎疫情防控期间,我们产生大量的学科PBL的探索。在这个时段内,几乎所有教师都在自己的学科上进行了勇敢的尝试,也有一些案例在培训会和公众号上进行了展示。当我们渡过疫情难关,新的学期开始,线下培训就启动了。根据《义务教育课程方案和课程标准》的要求,学校进行了全员培训。读书会引入《项目化学习设计:学习素养视角下的国际与本土实践》的学习，少先队、德育处开启了活动项目的实践。我们把爱国主义教育和生涯教育的教育方式用PBL改头换面，形成了"走进古镇职业人"这样的PBL学习活动。在这个阶段，学科教育教学、跨学科教育教学、实践活动，都开始由传统模式逐渐向PBL转变。

在一年的摸索过程中，我发现一部分教师是有浓厚兴趣和较强能力的。所以在这个学期，开启了第一批项目式学习定向培养的教师培训。用"项目化学习大师课"的资源，来打造一批专业的PBL教师。我觉得这是一个比较关键的节点。如果说之前的培训还是属于草根式的，那么从这个阶段开始，就走向了专业化的培养模式。

通过定项培养的模式，指导力度更强，成长速度也更快。这个过程中也非常感谢师育未来的罗老师，一直陪伴着这批学员，反复地打磨他们的学案。也帮助我们编纂了《留云行云——学科德育项目化学习案例集》。这个过程，让教师们更有信心，也更有成就感。也会推动着他们向"专业的PBL"教师这个方向进一步努力。

再次回到核心问题：如果你是管理者，如何让教师们学会一种新技能？通过用PBL的方式来学习PBL，我们教师成长中心形成了一些颇具特色的工作方式，建立了研修图谱。简单来说，就是"研、行、创、技"四个字。以PBL研修为例，"研"，就是科学研究。通过读书会的自我阅读、小组共读方式，来研究一本书、一套书。通过专题研修班、线上课程学习、专项主题研讨、案例撰写指导来提升知识与技能。"行"，行动落实。在做中学。入项环节是否能够引人入胜？子问题是否设置恰当？出项环节是否能显现PBL的实效？其实很多问题光靠培训是解决不了的。生成性的问题，在实际操作的过程中不断涌现，也不断推动着教师们知识与技能的迭代。"创"，实践创造。在前人的基础上，打造属于自己的PBL品牌课程，对此，教师们做了很多新的尝试。如何在居家条件下，为全家人设计一套专属锻炼计划？如果我是讲解员，如何用英语介绍我们的学校？越来越多的PBL项目获得同行的肯定，获得学生们的青睐。除了满满的成就感，参与其中的老师们也自然习得了"技"，SEL、COACHING，这些能够让PBL得以落地的技能，将会伴随教师们的职业发展，让他们对未知的世界更有信心和底气。

"项目"不是"孩子的事业"，而是教师和学生"共同的事业"，也是所有的教育相关者共同的事业。我相信这两年的实践过程，让留云中学的教师们有了更深层次的体会。最后，还是想说，万物皆可PBL。今天，用PBL的方式来培训PBL，用PBL的方式来培育学生的核心素养。那么未来，他们和我们，都能用PBL的方式来迎接未来的一切。

序二
PREFACE
殷 婷

PBL 小助手：运用项目化学习开展 SEL 社会情感学习实践

社会与情绪学习（Social Emotional Learning，SEL）由美国 CASEL 组织提出，是近年来教育界课程学习的新趋势。它是指个体能够认识并控制管理自己的情绪，在不同环境中识别不同人的情绪状态并作出相应的反应，设立合适的目标，获得解决问题的技能，并作出负责任的决定，以维持良好人际关系的学习过程。

CASEL 提出了关于 SEL 能力的五个核心要素：一是自我认知，即准确评估人的情绪、兴趣、价值和能量，拥有积极的进取心；二是自我管理，即调节情绪去处理压力，恰当地表达情感，控制冲动和坚持战胜困难，建立和监督学习目标和人生目标；三是社会认识，即能够为他人着想，认可并欣赏个人和群体的相似性与不同性，接受并且运用家庭、学校和社会的资源；四是人际关系，即确立并保持健康的合作关系，拒绝不适当的社会压力，预防、掌控和解决人与人之间的冲突，在需要的时候寻求帮助；五是做负责任的决定，即在道德准则的考虑上做决定，具有安全意识，能够遵守社会规范，对他人负责和对不同行为后果的预知，将决策技巧运用到学业和社会环境中，能够有所贡献等（图1）。

图1　CASEL 组织提出的五个核心要素

社会与情绪学习与促进人的全面发展理念是一脉相传的。人的全面发展离不开身体、心智与情感的共同进步，而情感更是人性发展不可缺少的重要因素。社会与情绪是个人全面发展的需要，更是社会时代与教育的需要。科技的进步与全球一体化进程的加快，对个人发展提出了更高的要求。

透过示范、引导、体验的学习模块，可以启动学生三维度的动能，即知识理解（Cognition）、情感意志（Affection）、技能应用（Skills），以此三个维度进行社会（Social）的以及情绪（Emotional）的学习（Learning），这就是SEL的重要启动方式。

整体学习的出发点是自我，接着扩及自我所存在的社会，所有学习内容关照两个层面：自我与社会。在自我与社会两个关照层面中，教师带着学生学习觉察与管理，延伸出四个学习目标，共同运作，培育学生成为灵活、自主、合作、有贡献的个体（图2）。

在自我觉察目标的学习中，学生将在实践中习得自控力与学习力，成为独立自主的孩子（Independent）；

在自我管理目标的学习中，孩子将在实践中习得情绪力与决策力，成为灵活弹性的孩子（Flexible）；

在社会的觉察与管理目标中，孩子将在实践中习得人际力与适应力，成为合作负责的孩子（Cooperative）。

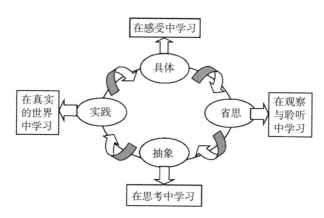

图2　FICS-SEL课程教学法理论：体验式学习（experiencial learning）

体验式学习起源于杜威的做中学概念（learning by doing）。杜威在《经验与教育》（1938）一书中提及经验有两种，一种是初始的生活性经验（life experiences），另一种是二级的反省性经验（reflective experiences）。首先我们在生活中本然就有各种经验与自然反应，这是原本的生活经验。对于原本的生活经验进行反思、调整、改造、重组，且在这历程中又不断把新的学习结果再应用回到生活中，才是学习的目的。生活性经验既是反省性经验的起点，更是学习所得应用的终点。

体验式学习在操作层面上规划成四个阶段，主要根据麻省理工学院史隆管理学院组织心理学教授Kolb的体验式学习模式之建议（1984，2015）修改而成：

第一阶段——具体活动经验：教师设计情境让学生具体感受到事件对于他们生理上以及心理上的影响，引发学生的真实经验与感觉。

第二阶段——反思省察分享：针对第一阶段的体验，教师引导学生进行讨论与反思，鼓励学生把活动中所感受到的与想到的、过去经历的做情境联结、情境比较、情绪共感、想法猜测，并思考这样的经验对于自我的意义、目的与影响。

第三阶段——归纳总结领会：经过了第一阶段的体验与第二阶段的反思之后，教师引导学生把个人所思所感，考虑情境，重新组合。经过讨论、分析、评估之后，统整出原则与实践的条件，或是概念与应用的情境，甚至可以提出跨情境的解决方法或是理论规则。这些原则或概念，都来自学生彼此讨论与共识，学习成员对于所整理出来的技能和方法更为珍视，更能感受到自我在原则形成过程中的价值，以及自我对于团体的贡献。

第四阶段——练习实践试验：我们让学生在教室中直接练习，也布置功课，请他们回到家中继续练习。此刻就特别需要家长的关注与引导，这正是为什么我们这么强调家长与孩子共同学习的重要。新行为的学习，一定需要身体上的行动来带动学习的意义，并强化情绪与感觉。越能够练习，就会越自然、越能够自动反应，最后成为自己的个性与习惯，到此程度时，就不需要特别拿出注意力来提醒自己，而是成为自然的举动，举手投足自然而然就拥有了活动设计所希望达到的目标。

上海大学附属嘉定留云中学自2022年起就在上海大学基础教育集团的支持和助力下开启了SEL社会情感学习项目，组织学生参与社会情感学习，提升学生的核心素养；同时通过面向教师和家长开展系列研修与工作坊，营造全方位的社会情感学习教育生态，让发展中的学生获得自我成长的动力，家校携手促进学生健康幸福成长。

在这本书中，我们汇集了一系列运用PBL项目化学习方式开展SEL社会情感学习的实践课例。PBL项目化学习鼓励学生主动探索、合作解决问题，培养他们的创新思维和实践能力；而SEL社会情感学习则关注学生的社会情感能力，帮助他们建立积极的人际关系，提高情绪管理能力，培养良好的道德品质。

在当今社会，随着科技的发展和全球化的推进，人们面临着越来越多的挑战和压力。因此，培养学生的社会情感能力显得尤为重要。通过PBL项目化学习的方式开展SEL社会情感学习，可以让学生在实践中体验、感悟和学习，更好地掌握社会情感技能，提高自我认知、自我管理和人际交往能力。

这本书的第四部分汇聚了众多一线教师的实践经验和智慧，每个课例都紧密结合学生生活实际，设计了具有挑战性的问题，引导学生通过合作、探究的方式解决实际问题。同时，每个课例都注重培养学生的社会情感能力，帮助学生建立积极的人生观和价值观。

我们希望这本书能够为广大的教育工作者提供有益的参考和借鉴。让我们共同努力，运用PBL项目化学习的方式开展SEL社会情感学习，培养出更多具备良好社会情感能力的优秀人才。

目录 CONTENTS

第一部分　活动项目 ··· 1
 一、如何共建云集体 ··· 3
 二、我是国产动漫传承人 ·· 13
 三、"疫情淘沙"是危机还是机遇 ································ 21
 四、如何测试留云湖水质 ·· 30
 五、如何为校园植物挂铭牌 ····································· 39
 六、如何制作迪士尼"家庭一日游"攻略 ························ 52
 七、如何提升留云湖周边居民的社群认同感 ······················ 61

第二部分　学科项目 ·· 69
 一、What will happen if you cut down all of a city's trees? ····· 71
 二、如何设计一个关于情绪的情境和解决方案 ···················· 82
 三、如何为全家人设计一套寒假锻炼计划 ························ 91
 四、如何设计一个新年娱乐小游戏 ····························· 102
 五、孙悟空带来的人生启示 ···································· 112
 六、如何绘制一幅年味图案 ···································· 120

第三部分　跨学科项目 ··· 127
 一、如何设计可以玩的嘉定竹刻 ································ 129
 二、如何设计一份故宫一日游攻略 ····························· 143
 三、如何想象一次和外星人的邂逅 ····························· 152
 四、如何宣传中国传统民居 ···································· 163

第四部分　PBL 小助手：SEL 在教育教学中的运用……173
 一、好好说话，与爱同行……………………………175
 二、坚持自我…………………………………………180
 三、我的边界感………………………………………183
 四、求同存异…………………………………………186
 五、情绪管理…………………………………………188
 六、人际交往…………………………………………191

第一部分
活动项目

一、如何共建云集体

课程类型	活动课程
年　级	七年级
课 时 数	10课时
所属学校	上海大学附属嘉定留云中学
设 计 者	何晶晶
实 施 者	何晶晶

在线上线下融合教育的发展趋势下，增强线上班集体的归属感和凝聚力，提高学生在虚拟空间下的社会情感能力是当前亟待解决的问题。本项目尝试运用项目化学习理念，探究线上班集体建设和虚拟空间下学生社会情感能力培育的新路径。

（一）为什么做这个项目

本学期三分之二的时间都处于居家学习模式，教师没有办法像在教室里那样全面把握学生的学习情况，普遍有一种强烈的"失控感"以及由此产生的"焦虑感"。对于学生来说，远离现实空间集体生活的学习方式也给他们带来了压抑、厌学、焦虑或人际交流缺失等问题，出现了不同程度的社会情感能力障碍。即便疫情防控结束，线上线下融合教育也愈来愈成为发展趋势，如何增强线上学习期间班集体的凝聚力和学生的社会情感能力，让学生在居家学习期间学会直面真实世界的挑战，并感受到知识的意义和价值，是不得不面对和解决的现实问题。

基于以上思考，本人尝试用项目化学习的方式带领七年级学生在线上学习期间共建线上班集体（云集体），探索线上班集体建设和社会情感能力发展的新路径。

（二）项目设计

1. 项目目标

（1）结合生活经验与学科内容明确云集体建设的价值和意义。

（2）观察、分析、判断云集体与线下班集体的异同。

（3）能通过小组讨论发现云集体建设的优劣势，并扬长避短地设计云集体建设方案，用规则来规范和保障集体生活。

（4）在小组活动过程中增强集体归属感，增强社会情感能力，树立主人翁意识。

2. 挑战性问题

（1）本质问题：为什么需要集体？如何让每一位学生参与集体建设？

（2）驱动性问题：集体是人的社会属性所必须建立的社会组织，是人的社会情感能力发展的有效组织方式。然而在线上学习期间，学习空间从现实的物理空间转换成虚拟的网络空间，交互方式从面对面的即时交流转换为信息不完全的延时交流，这些都向集体的建设提出了挑战：如何让每一位学生都积极参与线上班集体，并让其有效运转从而促进每一位学生的成长？

一、如何共建云集体

（三）项目实施

1. 入项

在项目实施之前，首先与学生围绕"线上班集体建设"进行讨论。经过半个多学期的线上学习，学生们已经逐渐适应了居家学习模式，对云集体的建设产生了很多困惑，也形成了具体的希望。比如，学生们在七年级道德与法治课程中学习了"在集体中成长"单元内容，掌握了在现实生活中建设班集体的途径和方式以及与他人合作的技巧，对云集体建设有初步的改进的意愿和设想。

正式进入项目后，围绕"为什么要建设云集体"开展讨论，基于讨论探究以及课堂的一系列追问，学生不断开始归纳总结集体建设的意义，如归属感、凝聚力等。于是，顺着学生们的讨论内容，教师向学生们提供了在线上教学期间建设班集体的校本案例作为参考，启发学生从建设云集体的经验总结中搭建思维架构。

学生们在参考了这些案例后，开始理性思考云集体的特点，教师顺着学生思维路径，正式抛出项目的驱动性问题，并提出困扰："如何让云集体有效运转？"进一步强调了项目的意义与价值。

通过一系列的师生互动，学生对于驱动性问题已经有了比较完整的认识，充分理解了项目产生的背景、需要解决的问题以及期望达成的目标。由于该项目中学生既是"云集体的建设者"，也是"云集体的受益者"，因此对项目的实施产生了强烈的意愿和兴趣，设想出建设云集体要聚焦的几个子问题（图1-1-1）：

图1-1-1 学生确定的项目子问题

（1）为什么要建设云集体？
（2）云集体和线下班集体的不同点是什么？
（3）可以做哪些事情来扬长避短建设云集体？

2. 形成实施计划

子问题1：为什么要建设云集体？

活动项目成立后，学生们通过钉钉、腾讯会议等线上平台，自行分成四个小组并召开小组会议。在会议中，他们回顾了两个半月的网课生活，发现云集体的主要阵地是班级大群和好友小群，利用丰富的群功能，相互之间进行频繁的线上互动。有的学生认为这些互动让自己获得了安全感、归属感、荣誉感等社会情感需要；有的学生认为线上人际交往涵养了自己接纳、尊重、理解、包容等品格；有的学生认为线上活动同样给个人发展提供了平台、资源和机会，汇聚了强大的力量（图1-1-2）。

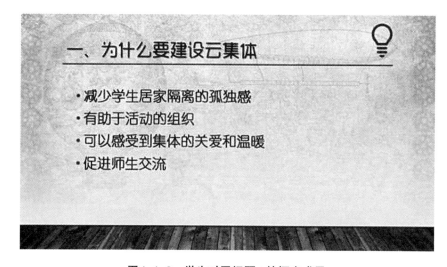

图1-1-2　学生对子问题1的探究成果

当生活经验得到了学科知识的支撑后，学生们发现建设云集体可以让大家目标更一致、分工更明确、协作更团结，最大化集体的意义。

3. 开展探究实践

子问题2：云集体和线下班集体的不同点是什么？

第一轮的小组讨论后，学生向教师呈现了他们的讨论成果。教师邀请其中一个小组作为牵头组，统筹组织不同小组在钉钉在线课堂上进行小组成果的分享和展示。各小组在表达和展示的过程中收获了成就感,也收获了其他小组的成果启发,形成了更全面、更科学的创见,同时也提出了新的疑问:如何充分地考虑云集体的特点,采取更有针对性的云集体建设措施呢?

于是,第二轮小组会议开始了,学生们在进一步的讨论交流中诞生了不同的想法:

(1)有小组选择班级大群作为研究对象;

(2)有小组觉得要专注于好友小群的功能开发;

(3)有小组觉得要全面衡量云集体可能存在的各种形式。

这些想法是否抓住了现象背后所反映的本质问题呢?于是教师继续在全班的线上课堂上请其中的一个小组牵头组织小组间的成果展示并提出问题:抛开云集体和线下班集体在呈现方式、空间载体等各方面区别的细枝末节,两者之间的本质区别是什么?

学生们仔细思考了这个问题,经过小组内和小组间的意见发表、交流,大家逐渐形成了共识,认为云集体和线下班集体之间最根本的变化是互动方式的改变。于是,学生们开始专注于互动方式改变这一根本区别,衍生出组织方式、环境氛围、数据处理等细分区别,结合学科知识比较归纳出了云集体的优势和劣势(图1-1-3)。

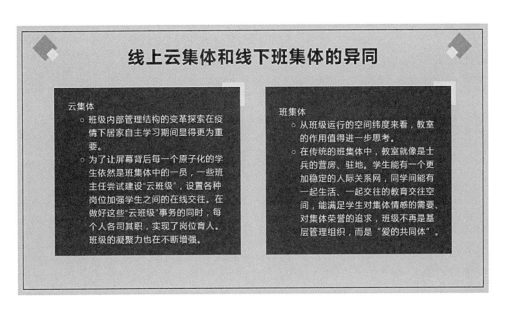

图1-1-3 学生对子问题2的探究成果

4. 形成项目成果

子问题3：可以做哪些事情来扬长避短建设云集体？

通过前两个子问题的探究，学生们建设云集体的方案逐渐明晰并形成了第一稿方案设计（图1-1-4）。

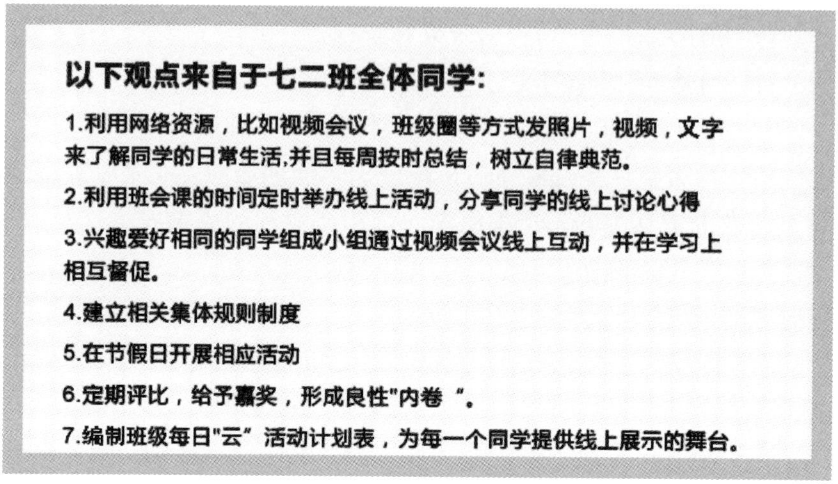

以下观点来自于七二班全体同学：

1. 利用网络资源，比如视频会议，班级圈等方式发照片，视频，文字来了解同学的日常生活，并且每周按时总结，树立自律典范。
2. 利用班会课的时间定时举办线上活动，分享同学的线上讨论心得
3. 兴趣爱好相同的同学组成小组通过视频会议线上互动，并在学习上相互督促。
4. 建立相关集体规则制度
5. 在节假日开展相应活动
6. 定期评比，给予嘉奖，形成良性"内卷"。
7. 编制班级每日"云"活动计划表，为每一个同学提供线上展示的舞台。

图1-1-4　云集体建设方案第一稿

于是，教师邀请四个小组中的一组学生牵头，组织各小组在钉钉在线课堂上召开中期成果交流会，在成果展示分享的过程中，学生们一方面吸收更多的创建、完善小组方案，另一方面再次对问题进行梳理、分析，尝试发现并解决在第一稿方案中忽略的云集体建设问题。

在分享中，各小组分别发现了一些问题：

（1）一些方案脱离了之前的思考，局限于个人学习改善；

（2）一些方案太过天马行空，在当下的可操作性不强；

（3）一些方案非常笼统，实施主体、途径、内容均不明确；

如何解决上述问题呢？在教师的启发下，学生们将这次的讨论范围从组内延展到了各小组间，在思维的碰撞下逐渐形成了思路，提出了修订完善的路径：一是回归对前两个子问题的思考结果，放眼集体建设的各个方面，重点思考如何规避云集体的劣势，发挥云集体的优势；二是以目标为导向，运用学科知识说明方案的预期效果，从而论证方案的必要性；三是精细化方案流程，明确实施主体、途径、内容等要素（图1-1-5）。

如何改进云集体的缺点	
缺点	改进方案
学习氛围没有在学校好	增加连麦次数，多和同学互动
学生的课堂专注度得不到保证	请家长进行监督，或是多进行提问
学生的设备不一定支持网络连麦	尽量使用支持连麦的设备
自控力差的同学下课后不会进行休息	由老师提醒，或是由家长提醒
对眼睛损伤严重	由学校组织做眼保健操
平日里活动的时间和空间都不够	尽量规律的安排活动，可以利用小区或地下室的空间

云集体的优点可以得到怎样的运用？	
优点	发展方式
大数据统计更加方便、快捷	课代表的工作量减少，老师可以借此进行各种统计
文件记录持久	不会找不到资料，可以更多更好地进行资料整理
课堂可以回放	没听懂的知识点不用再讲一次，老师可以省下来的时间组织学科活动
老师不用亲自批阅试卷	减轻老师的工作量，练习的频率可以适当地增加
单独的聊天内容保密度高	成绩差的同学可以单独向成绩好的同学请教，不用麻烦老师

图1-1-5 云集体建设方案第一稿修订思路

5. 出项

遵循对云集体建设方案第一稿的修订路径，学生们以形成最终方案为目标开展了最后一次小组线上讨论，并运用思维导图等工具将项目成果进行可视化处理。这些成果或是整个项目的全过程记录，或是对项目关键环节——方案设计的具体说明。

在钉钉在线课堂中，各小组分别展示和分享自己在这个项目中的学习成果，表达自己对驱动性问题和关键问题的理解，借助所制作的思维导图展示指向驱动性问题的解决方案（图1-1-6）。在小组展示成果的同时，其他学生除了聆听之外还要针对项目的成果和研究的过程进行实时评论、提问或现场连线提问，并对其综合表现以及作品呈现进行评价。

6. 反思与迁移

此项目指向学生生活中真实遭遇的问题，学生的实际需求推动了项目的启动，一步步去探索，寻找问题的本质，正是这样的内驱力使得整个项目能顺利进行下去。

学生在项目探究中体验了不止一次的挑战，比如子任务如何设计才能有效解决驱动性任务？研究方向定位在哪里才能抓住问题的本质？如何既借鉴线下班集体的建设策略又摆脱桎梏？面对这样的困境，教师不断引导、帮助学生进一步分析问题、解决问题。

学生们从真实问题出发，设计云集体建设方案。学生需要面对现有知识不充足、现有方法不完全、现有能力不匹配等困难，就会更好地运用学科知识，架构思维路径，学习系统看待问题，有效解决问题。在这个过程中，学生拥有越来越多的主人翁意识，不仅成为自我导向的学习者，也能成为集体的建设者。在这个过程中，学生基于证据的表达能力和善于提问的素养不断被培育，

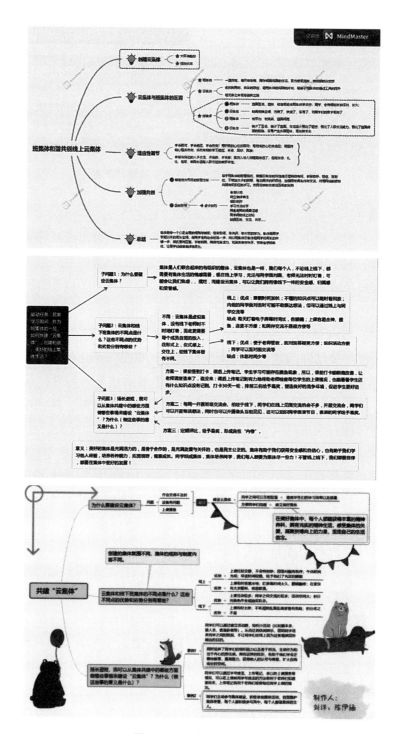

图1-1-6 学生出项展示

解决问题的能力得到提升,社会情感能力得到增强,不但提升了学习的质量,也让学习变得更有意义,学习的自主性更为强烈。

(四)项目评价

在子问题1中,学生对自己的生活经验进行了回顾、总结和概括,在小组交流讨论中慢慢揭示并论证产生这一现象的原因。在子问题2中,学生在辩论、说明云集体与线下班集体区别的基础上进行比较、分析与阐释,得出两者之间的差别并提取最本质的不同。在子问题3中,学生聚焦之前得出的结论,制定具体的建设策略来进一步地扬长避短。

在出项后,师生需要对于整个活动的表现做"过程性评价""成果性评价"(表1-1-1)。通过师生间的互评,不仅可以再次回顾、评价自身在活动中的表现,也可以让学生在评价中引发反思,得出经验,最终提升自我。

表1-1-1 活动评价表

评价类型	评价项目	评 价 内 容	自 评	互 评	师 评
过程性评价	探究想象	能结合学科内容和生活经验解释建设云集体的原因	☆☆☆	☆☆☆	☆☆☆
		能积极思考并提出问题	☆☆☆	☆☆☆	☆☆☆
		能明确表达自己的想法并捕捉矛盾冲突	☆☆☆	☆☆☆	☆☆☆
	合作担当	能完成组内分配的任务	☆☆☆	☆☆☆	☆☆☆
		能与小组分享疑虑、洞察和资源并提出其他的思考方式	☆☆☆	☆☆☆	☆☆☆
		能在他人的想法之间寻找联系,反馈并生产新的见解	☆☆☆	☆☆☆	☆☆☆
成果性评价	成果评价	能有效地将小组讨论转化为个人观点	☆☆☆	☆☆☆	☆☆☆
		能从他人那里寻求反馈并完善结论	☆☆☆	☆☆☆	☆☆☆
		能结合出项成果将自己的观点完整表达	☆☆☆	☆☆☆	☆☆☆

续 表

评价类型	评价项目	评 价 内 容	自评	互评	师评
成果性评价	社会情感能力	能不惧困难，解决问题	☆☆☆	☆☆☆	☆☆☆
		能热爱生活，乐于探究	☆☆☆	☆☆☆	☆☆☆
		能开动脑筋，勇于创造	☆☆☆	☆☆☆	☆☆☆

（五）关键问题探讨

1. 如何设计驱动学生自主探究的任务

在设计驱动任务时，教师需要锁定学生的实际困惑，捕捉学生的实际问题。在探讨子问题的设计时，教师需要在学生自主探究的过程中适时提供问题支架并引导启发，激活学生的已有知识，发散学生的思维。在学生表达想法的时候，先不做对错评判而是鼓励他们尽可能地陈述自己的想法和意见，适时归纳、引导和总结，形成共识。

2. 如何让每一位学生获得成就感

子问题2和子问题3的探讨都是在学生部分推翻初步成果的基础上进行的，是在淘汰基础上的迭代更新，被否定的学生会因此有些失落。但在进行评价的时候，大家约定不能出现否定性的评论，而是用"你的想法很有意思，如果……，它会变得更有针对性"，在肯定别人观点的基础上，将偏离的观点聚焦到问题的本质上来。

这不仅仅是一种表达方式的转变，更是一种对待错误时态度的转变，是一种舆论导向。只有观点的一次次碰撞和迭代，才能一步步地接近问题的本质，这一过程能让每位学生都感受到存在感和成就感，促进社会情感能力的发展。

二、我是国产动漫传承人

课程类型	活动课程
年　　级	九年级
课 时 数	10课时
所属学校	上海大学附属嘉定留云中学
设 计 者	楼　芳
实 施 者	楼　芳　徐舒年　张　林

随着国产动漫逐步崛起，近年来，国产动漫越来越受到中学生的关注和喜爱。本项目尝试运用项目化学习理念，探究学生对中国传统文化的喜爱，提升文化自信。通过地方资源，借助校外活动基地的支持，采用自主学习和小组合作等措施，通过场馆学习，借助参观走访、课后研讨、志愿服务等形式进行自主学习，形成独具特点的国产动漫场馆导览图。

（一）为什么做这个项目

中华文明自古就以开放包容闻名于世，在同其他文明的交流互鉴中不断焕发新的生命力。在中华民族伟大复兴和世界百年未有之大变局背景下，增强中华文明传播力影响力、推动中华文化更好走向世界具有重大意义。

初中生对于文化的认识和理解较为浅薄，对于中华文脉的延续链条还未形成较为完整的印象。当前处于价值观形成的关键期，需要有意识地引导学生感受中华文化的魅力和力量，增强对中华文化的认同感和归属感，坚定文化自信，以实际行动弘扬中华文化和中华传统美德。

随着《义务教育课程方案和课程标准》的革新，传统教育的弊端逐渐显露，学生缺乏创新精神和实践能力，传统教育方式已无法满足学生的实际需求。地方资源作为教育不可或缺的一部分，不仅要加强学校教育与社会教育之间的沟通和协调，更要充分发挥社会的育人功能，因此，构建具有地方资源特色的项目式学习势在必行。项目式学习以核心素养为培养目标，以解决驱动问题为导向，不仅可以有效促进学生的综合素质发展，培养学生跨学科的知识链化能力和自我驱动寻求知识的探究技能，还可以强化学生主动探索的科学精神及实践精神，引导其将知识融入日常生活，积极关注人与自然、人与社会，培养崇尚合作、热爱家乡、关心社区的品格与能力。

（二）项目设计

1. 项目目标

（1）了解中华传统美德产生的影响。动漫是青少年喜闻乐见、易于接受的媒介与宣传形式，可以帮助其理解弘扬中华传统美德的重要性以及弘扬中华文化和中华传统美德。

（2）能通过查阅相关资料、实地调研走访、招募项目成员等方式发现问题，提升合作能力、策划能力、表达能力与应变能力。

（3）能在实地调研的基础上，完成设计场馆导览展示规划路线。

（4）分项目小组进行志愿体验，并开展相关项目选拔活动。

2. 挑战性问题

（1）本质问题：如何从自身角度提升文化内驱力？

（2）驱动性问题：近年来，国产动漫行业迅速发展，青少年对于国产动漫的喜爱度只增不减,"校园动漫热"对于青少年人生观、价值观教育带来了新的命题与挑战。南翔环球ACG产业园作为上海大学附属嘉定留云中学课外实践活动基地,聚集了一批以原创动漫和游戏内容开发制作为切入点的文化创新创业项目以及国产动漫周边,深受学生的喜爱,围绕"如果我是一名场馆讲解员,打算如何向参观者介绍南翔环球ACG动漫产业园?"开展实践体验。

（三）项目实施

1. 入项

当今时代,中外文化的交流碰撞不断深入,学生对于文化的认识、对于中华优秀传统文化的理解还停留在表面,对于中华文脉的延续链条还没有形成完整的印象。九年级学生处于价值观形成的关键期,需要有意识地引导学生感受中华文化的魅力和力量,增强对中华文化的认同感和归属感,以实际行动弘扬中华文化和中华传统美德。

活动前,学生需要通过网络搜索国产动漫知名动作制作公司和画家信息,对国产动漫的历史发展和现状进行初步的了解。通过自制问卷对本校低年级学生进行访谈和抽样调查,调研本校学生对我国动漫产业的了解程度、类型的偏好、发展的预期等。调查发现：学生对于国产漫画的了解程度普遍较高,国产漫画的发展预期空间值弹性较大,学生能够从国产漫画所折射出的文化内涵中感受到国家文化发展的强内驱力（图1-2-1、图1-2-2）。

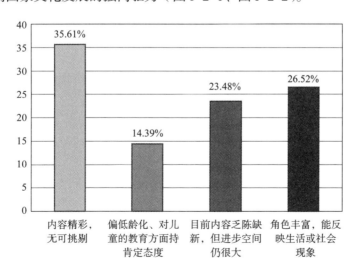

图1-2-1 本校学生对国产漫画的了解程度

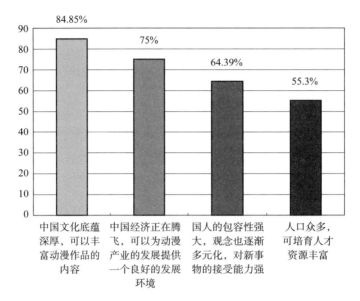

图1-2-2 本校学生对国产漫画的预期发展

结合道德与法治九年级上册第三单元"文明与家园"学习内容,学校微信公众号发布"小小场馆讲解员招募令",向学生们发出诚挚的邀请。

2. 形成实施计划

子问题1:中国动漫文化的发展与特色是什么?

前期,教师引导学生与地方文化部门与南翔环球ACG产业园区的负责人沟通联系,进行活动前的踩点和面谈。项目组学生通过网络查阅南翔环球ACG产业园的有关资料,了解大致的地理位置、产业园区情况以及产业园区对于社会公益事业的需求度,考察产业园区现有展厅的实际情况等。以项目化学习小组为单位进行实地调研,通过园区讲解员的讲解,了解中国动漫企业组成、中国动漫产业的历史以及各个领域的发展趋势、国产动漫制片的管理能力、国产动漫人物形象风格开发等。

3. 开展探究实践

子问题2:你认为成为一名场馆讲解员需要具备哪些素养?

"小小场馆讲解员招募令"发布后,教师通过图文、视频举例(如"中共一大会址"小讲解员)的方法帮助学生理解活动的内容和目的。对招募活动的内容和目的认可并感兴趣的学生,可以自行招募组员形成实践活动小组并提交活动报名表。语文学科组制定"小小场馆讲解员"演讲评价量规,以演讲内容、语言表达、仪表形象、综合印象和时间把控等几个方面进行深度培训,明确讲解要点,在体现生动性、互动性、服务性的同时,丰富自我知识储备,提升讲解能力与应变能力,增强对中华优秀传统文化的认同感。

4. 形成项目成果

子问题3:如何规划场馆讲解路线与内容?

邀请美术学科组教师指导学生绘制国产动漫场馆导览图,通过模拟讲解、交流分享后,集体总结评价,择优选取优秀讲解方案(图1-2-3)。此时教师可以帮助学生用沙漏或者小闹钟来进行时间管理,并引导学生在交流时注意倾听别人的发言,投票时结合内心最真实的想法做出自己的选择。学生借助导览方案撰写讲解稿,在教师的指导下模拟讲解练习,为最后的志愿者讲解服务做好充足的准备。

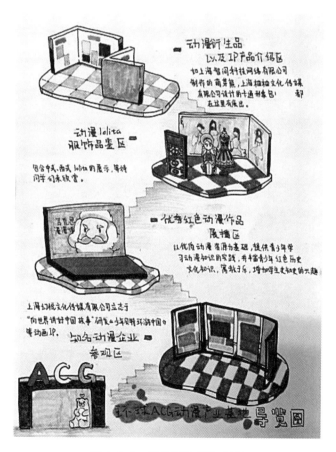

图1-2-3 学生制作导览方案

5.出项

作为场馆讲解员，学生以志愿服务的形式利用课余时间前往南翔环球ACG动漫产业园进行项目实践，激发学生对于中华传统文化的热爱，推动传统文化创造性转变、创新性发展、继承革命文化，发展社会主义先进文化，不断铸就中华文化的新辉煌。

6.反思与迁移

在此次活动过程中，基于"政治认同"核心素养的培育，充分利用校外优质场馆资源，进行长周期的问题解决的学习活动。该学习项目激发学生的学习兴趣，在解决真实问题的过程中，提升学生的核心素养。学生从了解国产动漫文化，到文化认同、传承文化的发展与创新，从制作策划解说方案，到输出对国产动漫和中国文化的理解，其过程充分感受中国传统文化的魅力。同时，本次活动注重现实问题的解决，将问题解决学习和核心素养培育结合起来，并指向知识的迁移和应用。该项目的驱动性问题与学生日常生活能够紧密贴合，在实践体验与志愿服务中能够自觉践行和弘扬社会主义核心价值观，坚定文化自信，肩负中华民族伟大复兴的崇高使命，成为积极推动中国社会主义文化繁荣兴盛的强大动力。这一过程即学生逐步获得文化理解、文化认同、文化践行，最终实现核心素养培育的过程，使问题解决学习成为价值认同、培育核心素养的有效途径。

（四）项目评价

1.过程性评价

对学生学习实践采用过程性评价能有效增强学生的热情，引导学生拓展相关知识，积极反思，提高自我评估能力。本项目中涉及的学习实践类型较多，但在学习实践过程中最重要的是创造性实践，因此我们选择了创造性实践进行过程性评价（表1-2-1）。

表1-2-1 过程性评价内容

序号	过 程 性 评 价	自我评价	互相评价	荣誉评价
1	能够主动了解周边地域的情况	☆☆☆	☆☆☆	☆☆☆
2	能够做到小组团结合作、互帮互助	☆☆☆	☆☆☆	☆☆☆
3	能够提出相对应地解决问题的方法	☆☆☆	☆☆☆	☆☆☆

（续表）

序号	过程性评价	自我评价	互相评价	荣誉评价
4	能够总结并在小组中表达自己的思考	☆☆☆	☆☆☆	☆☆☆
5	能够完整地展示自己的想法和设计	☆☆☆	☆☆☆	☆☆☆

2.结果性评价

本项目的最终成果采用的是志愿分享以及实物展示，包含评选"最佳方案奖""最佳讲解员"等。项目学习成果评价量规中的维度有效地反馈了项目成果所包含的核心知识与能力、高阶认知策略及学习实践的效果（表1-2-2）。

表1-2-2　结果性评价内容

序号	结果性评价	自评	互评	师评
1	能有效地将场馆实地资源转化为导览路线	○○○	○○○	○○○
2	能从小组成员、老师和场地工作人员寻求反馈并完善导览方案	○○○	○○○	○○○
3	能够进行志愿活动并分享成果	○○○	○○○	○○○
4	能够有团队协作能力，乐于探究，勇于创新	○○○	○○○	○○○

（五）关键问题探讨

以国产动漫的创作激发青少年对传统文化的学习和创作欲望，增强青少年对中国传统文化的理解和认同，让更多的学生了解优秀国产原创动漫，推动国产动漫积极发展。通过项目化学习的方式使学生了解中华传统美德产生的影响，理解弘扬中华传统美德的重要性，引导学生弘扬中华文化和中华传统美德，增强对民族文化的自尊心、自信心和自豪感。

正如习近平总书记所说的"古为今用、洋为中用、辩证取舍、推陈出新"，无论是文化输入还是文化输出，中国现阶段的成就极大地增强了中国人民文化自信的底气。南翔ACG产业基地里有许多项目都与中国传统文化有关，该产业园内设计的国产动漫形象是非常适合向青少年群体普及传统文化的一种方式和手段，既具有文化性和传承性，也具有娱乐性和延展性。利用地方资源的优势不仅能够让学生多接触国产动漫活动，了解中华传统文化知识，同时也可以尝试引导学生进行志愿服务活动。在尝试理解文化的同时，以青少年的视角创造生成文化产品，培养学生的创新能力、合作能力和实践运用的能力。希望有更多的社会文化资源能够生成学生在校外活动的实践基地，也希望学校积极探索周边地方资源优势，促进学生个性化发展，探索课堂教学品质，提升实践活动基地品牌作用与效应。

三、"疫情淘沙"是危机还是机遇

课程类型	活动课程
年　　级	七、八、九年级
课 时 数	10课时
所属学校	上海大学附属嘉定留云中学
设 计 者	殷　婷
实 施 者	殷　婷

"走近古镇职业人"是上海大学附属嘉定留云中学生涯教育实践特色活动之一，往年，学生们会利用假期组成访谈小队，在教师的引导和带领下实施采访，了解不同职业人的职场生涯故事。在新冠肺炎疫情防控期间，许多行业都受到了不小的冲击，这些冲击会对我们熟悉的职业产生哪些影响呢？

（一）为什么做这个项目

根据中考改革要求，教师要引导学生学会选择，学会按照自己的兴趣和志向进行学习，这也是初中生应具备的能力。上海市教育委员会发布的《关于加强中小学生涯教育的指导意见》指出，加强中小学生涯教育，是促进学生全面发展和终身发展的重要举措，也是上海深化教育综合改革、实施新时期德育与心理健康教育的必然要求。初中阶段的生涯教育侧重于生涯探索，要拓展学生对职业角色的体验与认识，引导学生初步形成生涯规划的意识与能力，为选学择业做好准备。

上海大学附属嘉定留云中学立足实际情况，在调研的基础上，结合校本资源，形成了"云星追梦"生涯教育特色项目。该项目通过构建丰富的生涯教育校本课程体系，打造多彩的社会实践成长平台，建立多元的学生发展评价制度，有效促进了学生生涯素养和能力的全面发展，形成了校本生涯教育特色并在区域层面起到了示范与辐射作用。

"走近古镇职业人"作为学校生涯特色实践活动，致力于通过每一个假期，发挥学生的家庭、社会资源，在职业访谈和交流展示中充分了解南翔古镇的不同职业故事。因受新冠肺炎疫情的影响，许多职业都面临重新洗牌。所以，这个暑假，上海大学附属嘉定留云中学的学生们以 PBL 的方式进行了一次特别的生涯实践访谈。

（二）项目设计

1. 项目目标

（1）通过查阅资料，学习了解如何开展职业生涯访谈，设计访谈提纲。

（2）小组分工，开展任务访谈并记录信息。

（3）根据访谈信息进行梳理整合，通过思维导图呈现重要信息。

（4）运用信息科技手段来进行生涯实践成果展示与交流。

（5）了解新冠肺炎疫情对行业职业的影响，对"于挑战中寻求变革与突破"形成更为直观深刻的认识，在提升实践能力的基础上，激发创新意识。

2. 挑战性问题

（1）本质问题：不同职业面对环境变化是如何调整战略迎接挑战的？

（2）驱动性问题：受新冠肺炎疫情影响，许多企业面临停摆甚至破产，加速了不少职业的淘汰；也有些行业抓住机遇实现腾飞。了解其中缘由，有助于学生在选择未来专业和职业时有明确方向。所以，"疫情淘沙"，作为古镇职业人，究竟该如何抓住机遇化解危机？

(三) 项目实施

1. 入项

实施项目之前，学生需要先组成3～5人的小队，根据自身特长分配访谈员、记录员、摄影师、剪辑师等角色。然后通过教师提供的学习资源了解"如何做行业访谈"，并通过一些职业访谈视频案例了解资料收集与呈现的方式。此外，学生也可以自己通过网络寻找更多的学习资源与案例丰富知识储备。接着，学生们展开头脑风暴，围绕"职业生涯访谈"讨论想要了解的信息以及对自我发展的意义。最后，结合疫情对许多行业的冲击影响，大家发现一些职业几乎被淘汰，而一些行业却如获新生，获得了更好的发展。大家很想知道这其中有哪些原因和策略，进而可以供自己在未来择业中参考。所以，确定出本次项目化学习的驱动性问题为："疫情淘沙"，作为古镇职业人，究竟该如何抓住机遇化解危机？

2. 形成实施计划

完成自主学习后，小组成员可以探讨"想要采访了解的职业有哪些"，以及结合家庭资源讨论采访实施的可行性，进而确定被采者、采访时间、采访地点等要素。

同时，小组成员可以根据教师提供的半结构化访谈提纲进行筛选、补充和优化，围绕大家对于选取职业感兴趣的话题了解该职业的工作内容、所需技能等，为实施职业生涯采访做好准备，搭建好信息收集和实施访谈的思维架构。

(1) 已提供采访问题：

- 您所从事的职业需要哪些知识技能？
- 您的日常工作内容都有哪些？
- 您入职以来遇到的最困难的事是什么？您是如何克服的？
- 疫情对您的工作产生了哪些影响和变化？

(2) 学生们补充或优化的采访问题丰富而有趣：

- 您为什么要从事这项职业？
- 从事这项职业有哪些学历要求？

- 您入职以来做过的最有意义的事情是什么?
- 除了现在的职业,您学习的专业还可以从事哪些职业?
- 您所从事的职业或行业的薪资待遇水平怎么样?
- 疫情管控常态化使你的工作时间和内容发生了哪些变化?
- 您是如何在疫情中寻求突破避免淘汰的?
- 现阶段,您的人生规划和目标是什么?

……

3. 开展探究实践

子问题1:所采访的职业都有哪些工作内容,需要哪些知识和技能?

学生们采访的职业涵盖汽车、餐饮、房产、销售等多项领域,哪怕是不同行业的销售人员所从事的工作内容也会天差地别。大家在对不同职业的笼统认知下又增加了许多更深入、更详尽的认识(图1-3-1)。

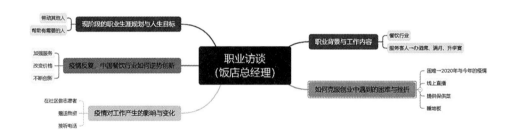

图1-3-1 学生根据访谈收集信息梳理的思维导图

子问题2:新冠肺炎疫情对某行业或职业产生了哪些影响?

新冠肺炎疫情对许多行业都带来了不小的冲击,有些企业在巨大的冲击下偃旗息鼓、销声匿迹;而有些企业或行业却抓住机遇,不断创新,在适应中谋求新的发展。这一个个鲜活的案例也带给同学们许多思考与启示(图1-3-2)。

子问题3:本次职业访谈对我们个人的生涯规划有什么启示?

虽然学生自己的梦想职业不一定就是所采访的职业,但是各行各业的职业人在访谈中所传递出的职业素养和品质却值得每一位学生学习和践行。他们也在采访后结合自己的梦想职业进行了一番思考。

小张同学的梦想职业是当一名数学老师,她说:"通过这次职业访谈,我觉得做任何事都要有坚持不懈、顽强拼搏的精神,要反复思考,不断提高解决

三、"疫情淘沙"是危机还是机遇?

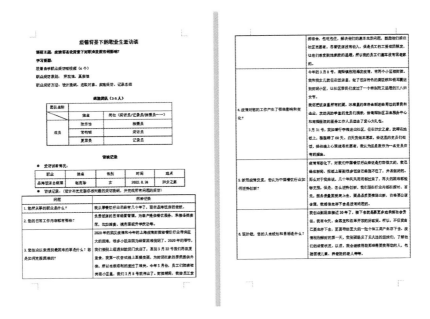

图1-3-2 学生完成的访谈记录(样例)

问题的能力。现在疫情反复,作为教师要学会通过线上直播的方式来传授知识、发布信息,运用科学技术来帮助学生进行知识的吸收和驾驭,才能在融合现代技术的基础上让教学达到多元化的效果,给学生营造一个良好的环境,引导学生自己探索并研究,培养学生的思维和创造力。教师要通过有组织的探讨、交流以及实践,来帮助学生更好地理解课堂上的知识点。我会刻苦学习,夯实基础,未来成为一名优秀的数学学科带头人。"

希望成为考古学家的小常同学说:"考古学家是对古代文物文献古墓进行发掘的人,研究各地的古代的变迁、发展等。我之所以会有这个梦想,是因为我常常在纪录片中看到有专家在发掘一件文物并对它进行分析,感到很有挑战性。这个工作并不是表面的那么枯燥,而是一件有趣的事。每每发现一件文物,你可以根据文物的样式、纹路等来判断墓主人、墓的历史等;你可以通过一枚竹简猜测墓主人的生平,这个发现到认识的过程非常有趣。为了实现我的职业梦想,我认为可以通过多看古代文献或通过观看纪录片了解考古的工具和技巧。此外,我还要专注学业,这样可以更好地实现我的职业梦想。"

致力于做一名音乐人的小夏同学说:"我要努力学习音乐基本要素,培养自信、自然的演奏技能,多了解不同时代、不同民族的音乐,加强对中国民族音乐的认识和理解，树立正确的价值观并为之付出行动。我更希望自己在追求音乐的道路上能够有坚持不懈的勇气，因为音乐可以表达人们的思想，洗涤人们的心灵，舒缓人们的情绪。在新冠肺炎疫情防控中很多人用音乐、用歌声激励着逆袭的'大白们'，一场场线上演唱会不仅拉近了人与人之间的距离、传递着社会正能量，更为封控的我们带来了信心和希望！"

4. 形成项目成果

学生们通过视频的形式将访谈的过程记录下来，并在思维导图和采访清单的汇总整理过程中，对信息进行梳理和筛选，最后通过视频编辑以Vlog形式进行成果呈现。

5. 出项

通过可视化呈现，学校对参与学生的项目成果进行了公众号展播与票选。一方面，大家可以在互相观摩与交流中，了解不同职业的现状与发展；另一方面，通过对相关策划案和优秀成果的学习与评价，也加深了对驱动性问题进行探索与解决方式的进一步理解，广泛的宣传也对日后开展更为成熟的项目化学习奠定了基础。

6. 反思与迁移

本次活动以"疫情背景下的职业生涯访谈"为议题开展了生涯教育领域的PBL项目初探，学生们通过自主学习、小组合作等形式完成了队伍组建、访谈提纲设计、职业采访、项目成果展示、自我反思等一系列多元化、综合性的生涯实践活动，不但使学生们广泛、深入地了解了职业信息与疫情对职业的影响，而且在充分锻炼合作沟通与信息分析能力的基础上，有效促进了学生生涯与综合素养的提升。

（四）项目评价

1. 过程性评价

评价是为了促进发展。因此，评价应及时，在肯定中累计发展的能量；评价应具体，在评估中明确发展方向。在项目式学习的过程中，要高度评价学生参与过程性指标，有助于学生将主动参与的意识贯彻项目始终。此外，评价主体要多元，评价方式要多样，可以通过学生自评表达收获与成长；可以通过小组互评在评价他人的过程中借鉴学习、反思改进，促进发展；还可以结合教师总评在专业性的反馈中让学生明确进一步完善和发展的方向（表1-3-1）。

三、"疫情淘沙"是危机还是机遇？

表1-3-1 过程性评价量规

内容	标准	评价		
		自评	组评	师评
参与态度	主动积极参加课程实践活动★★★			
	能参加课程实践活动★★			
	能在老师或同学帮助下完成课程活动任务★			
合作能力	分工明确，积极地相互支持、配合，并能组织、帮助他人★★★			
	能相互支持、配合★★			
	能在小组成员的帮助下进行合作★			
创新意识	能在活动中展现较强的创造能力，并启发他人开展创造活动★★★			
	具有基本的创造能力，积极参与创造性活动★★			
	在老师、组员的帮助下能完成基本的创造活动★			
综合评价等第				

说明："参与态度、合作能力、创新意识"三个维度的评价采用"☆级制"，最高可获三颗☆，最低获一颗☆；综合评价采用等第制，分优、良、须努力三个等第。

2. 结果性评价

本项目的最终成果采用的是项目报告与Vlog展示，项目报告包含：组队与分工、访谈提纲设计与记录、采访信息思维导图梳理、反思与迁移；Vlog展示为采访过程中的重要信息和精华内容。结果性评价量规可以有效地反馈项目实施所包含的综合能力、高阶知识及学习素养的培养目标（表1-3-2）。

表1-3-2 结果性评价量规

内容	标准	评价		
		自评	组评	师评
访谈提纲	能够根据所采访职业设计丰富多样的采访问题，问题链具有逻辑性，设计思路完整清晰，表达准确，没有歧义★★★			

（续表）

内　容	标　　准	评　价		
		自评	组评	师评
访谈提纲	能在教师的指导启发下设计较为丰富的采访问题，描述基本清晰，能基本表述清楚思路★★			
	能够在已有命题提纲的基础上进行一定拓展题目★			
项目实施	采访实施过程完整，能够通过图文详细记录过程，并能对采访信息进行系统梳理、整合、分析、总结★★★			
	基本能够完成采访任务，较为完整地记录、梳理采访信息★★			
	能在老师、家长的帮助下合作完成采访和信息整理★			
成果呈现	熟练运用信息技术介绍和展示项目成果，成果介绍内容完整，思路清楚，有重点和特色，生动有吸引力，能以团队形式分享★★★			
	基本能够借助信息技术介绍项目成果，成果介绍比较完整★★			
	能在老师、家长的协助下完成成果介绍★			
综合评价等第				

（五）关键问题探讨

1. 突破家校壁垒，拓宽生涯视野

学校生涯教育中，学生对于职业的了解多通过一次"职业人的宣讲"或者某个"职场参访"，了解职业的数量和内容都比较受限。本次项目化学习中，学生们可以自由组队通过家庭资源选择自己感兴趣的职业进行了解，每个小组都有各不相同的收获，大家在交流反馈中彼此学习，所了解的职业故事和种类都有了几何级数的增长，有效突破家校壁垒，更好地拓宽了学生的生涯视野。

2. 发挥学生主体，锻炼综合能力

从组队、设计提纲、联系资源到实施采访、总结汇总、呈现成果，一切都由学生主导，只有在他们遇到问题难以解决时，教师和家长才适时地提供帮助。许多学生在此过程中依靠团队合作自主完成项目，充分发挥了学生的主体作用，同时也有效锻炼了他们的沟通能力、合作能力和解决问题的能力。

经过本次项目化学习，教师和学生都在尝试中不断探索，也在交流中彼此学习。未来，我们将会结合更多新技术新产业的发展，与时俱进地寻求创新，力争在"走近古镇职业人"2.0和3.0的探索中，获得更多的成长与更大的突破。

四、如何测试留云湖水质

课程类型	活动课程
年　　级	六年级
课 时 数	8课时
所属学校	上海大学附属嘉定留云中学
设 计 者	熊　俊
实 施 者	熊　俊　滕亲亲　陈佳丹

　　学校附近有一个城市湿地公园——留云湖公园，中心景区为留云湖，有四个水闸与周围水域河流相通，保证了湖水的原生态。夏季时节湖中荷花盛开，常常引来水鸟栖息，是学校开展校外实践项目的重要场域。本项目将地理学科与科学学科相结合，包括课堂教学和实地考察两部分，探究测试水质的方法，理解城市生态和城市环境的关系。通过整合资源，借助外部支持，采用自主学习和小组合作等措施，在课程实施中形成学科融合，实现在同一主题下的跨学科学习；通过实地参观走访、课后研讨等形式，认识湿地对人类生存和发展的重要性，提出保护湿地的措施和建议。

四、如何测试留云湖水质

(一)为什么做这个项目

2020年发布的《上海市进一步推进高中阶段学校考试招生制度改革实施意见》中提出,要加强综合实践活动课程的落实,关注初中学生社会考察、探究学习、职业体验等综合实践活动的情况记录。因此,设计户外实践活动,引导学生体验和研究与生活密切相关的学习素材,就显得十分必要。如何突破教室和校园的围墙,让社区、大自然和各种场馆也成为课程实施的场地?学校地理组积极开展实践课程的探索,利用校园西侧的留云湖作为中心圆点,辐射到学校所在社区区域,让社会实践和学科内容紧密联系起来。

(二)项目设计

1. 项目目标

(1)知识与能力目标:

一是理解地图中判定方向的一般方法,并能运用地图解决生活中的方向问题;

二是掌握测试水质的方法,理解城市生态和城市环境的关系;

三是认识湿地对人类生存和发展的重要性,提出保护湿地的措施和建议;

四是学习在小组活动中合作学习的方法。

(2)《义务教育地理课程标准》《义务教育科学课程标准》及其对应的教材内容(表1-4-1):

表1-4-1 活动对应的教材内容

教　材	内　　　容	学习情况
上教版《地理》六年级 第一学期 第2章"地图"	1. 理解地图上的方向,运用图例和注记,在地图上查找信息 2. 运用常见地图确定位置、估算距离、设计路线。	■已学 □未学
上教版《科学》六年级 第一学期 第4章"水污染与水的净化"	1. 学会使用基本仪器进行水质测量 2. 知道水污染的原因、危害,关注水质污染问题 3. 认识湿地生态系统的价值,知道可持续发展含义	■已学 □未学

(3)学习素养:

一是科学精神。鼓励学生用实践的思维方式认识事物,解决问题,指导学生在"综合实践"学习领域,综合运用地理、科学等学科知识尝试检测留云湖水质。

二是乐学善学。通过学生自主设计、规划、组织、实施探究活动，体验发现学习的过程，感受科学方法和科学思想的魅力，培养学习兴趣。

三是合作互助。合作交流，学会倾听、表达与沟通；在尊重差异、理解多元的基础上学会包容和欣赏，形成积极的人生态度和正确的世界观。

四是实践创新。能够从问题和情境出发，运用已学过的知识和技能解决生活中的实际问题；能够在自己感兴趣的领域发现问题并提出自己的见解；能够通过独立思考解决问题。

2. 挑战性问题

（1）本质问题：面对家门口的湖泊，如何利用身边的材料和学校里所学的知识测试留云湖水质情况？

（2）驱动型问题：随着文明社会的发展，人们对自然生态环境的保护和利用也越来越重视。生态建设是新时期社会主义精神文明建设和构建和谐社会的一个重要方面，是贯彻落实科学发展观，建设资源节约型、环境友好型社会，构建和谐社会的重大举措。针对以上现状，作为学生，如何了解留云湖水质情况并形成留云湖生态报告？

（三）项目实施

1. 入项

在项目实施之前，先将学生按其知识结构、能力水平、个性等因素，分成六个五人学习小组。每个小组选出组长和安全员各一名，组长负责组织、开展小组实践活动，安全员保障小组整体安全。

正式进入项目后，围绕"人和自然如何更好地相处？""检测留云湖水质时需要包含哪些检测项目？"开展讨论，基于讨论探究以及课堂的一系列追问，学生结合自己生活经验，提出需要检测水质透明度、气味、漂浮物等项目。教师顺着学生的讨论内容，提出"检测几处水质样本最合适"这一问题并引导学生体会控制变量的重要性。

2. 形成实施计划

子问题1：留云湖在哪里？

教师根据课本所学内容进行提问，地图中的方向是如何判断的？根据图示（图1-4-1），留云湖大致在学校的什么方位？从学校步行前往留云湖公园，走哪条路是用时最短的？

四、如何测试留云湖水质

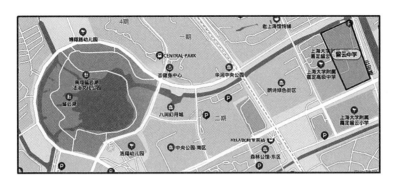

图1-4-1 留云湖位置示意图

为了培养学生分析地图信息和在日常生活中使用地图的能力，教师提供了谷歌地球的卫星图和百度地图的实况街景图，借助地图工具，学生对留云湖地形地貌有了大概的认识，并完成了一幅幅精美的留云手绘地图。此外，活动采用小组讨论的方式规划考察路线，增强自主学习能力，增加获得感和体验感。

3. 开展探究实践

子问题2：留云湖水质如何？

教师提前考察了留云湖各区域的取水难度、通水情况等要素，选定了三个取水点按比例标注在示意图上（图1-4-2），学生以小组为单位分散开展实践活动，按照示意图所示找到相应的取水点完成任务二，一小时后在集合点汇合并交流检测结果（表1-4-2）。

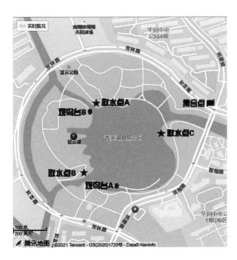

图1-4-2 留云湖取水点位置示意图

表1-4-2 留云湖水质检测表

项 目	检测过程	取水点A 检测结果	取水点B 检测结果	取水点C 检测结果
透明度	使用胶头滴管将水装入试管，与透明度标尺进行比对，以1～9代表污染等级（数字越高，污染越严重）	所取的水透明度等级为____	所取的水透明度等级为____	所取的水透明度等级为____
酸碱度	使用胶头滴管将水滴加在pH试纸，并于标准比色卡做对比进行读数。以1～14代表酸碱性（数字越小，酸性越强）	所取水的酸碱度值为____	所取水的酸碱度值为____	所取水的酸碱度值为____
气 味	轻轻摇晃试管中的样本，嗅一下气味	所取水____（有/无）异味	所取水____（有/无）异味	所取水____（有/无）异味
漂浮物	使用胶头滴管将水装入试管，观察其中是否有悬浮小颗粒（浮膜、油斑等）	所取水____（不含/含少量/富含）漂浮物	所取水____（不含/含少量/富含）漂浮物	所取水____（不含/含少量/富含）漂浮物

【任务二】
（1）前往三个取水点检测水质，填写下表。

（2）不同取水点之间检测结果是否有差异？请给出你的结论并从湿地净水功能角度分析其原因。

_____

_____

4. 形成项目成果

回校后，各个小组通过复盘、整理资料对本次项目进行了分享和总结。经过学生们的一番努力，对收集到的信息用科学方法进行初步判断后，得出留云湖湿地公园三个取水点水质情况良好，无明显污染的结论。

5. 出项

通过本次课程，学生认识到生活中处处有科学，增强了用科学眼光看待事物的意识、用科学思维解决问题的能力，同时学生们也了解到了保护水资源的深远意义，收获满满（图1-4-3、图1-4-4）。

四、如何测试留云湖水质

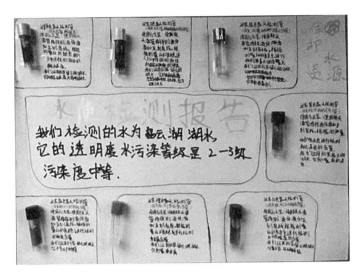

图1-4-3 小红花小组汇报小报

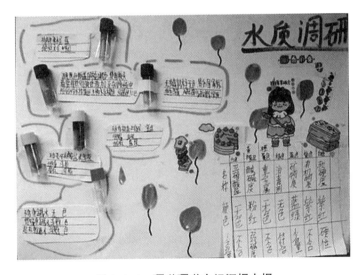

图1-4-4 嘎啦嘎啦小组汇报小报

6.反思与迁移

通过本次"留云湖公园的探秘之旅"跨学科主题学习活动,教师有了如下的总结与反思:

(1)野外考察活动中学生常常会离开教师的视线范围,容易带来安全问题,教师要明确要求,反复强调,及时观察学生在活动中的学习状态,防止意外发生，确保实地考察活动的安全。

（2）教师要选择学生感兴趣的主题进行跨学科学习，这样才能充分发挥学生学习的主体性和主动性。

所以，一次完整的野外考察活动对教师的活动设计、指导和开发能力提出了很高的要求，教师必须培养自身的野外考察能力，才能有效指导学生进行野外学习活动。

（四）项目评价

1.过程性评价

过程性实践是指学生在不使用传统评价标准的情况下，通过探索新的方法和技术来解决问题。过程性实践主要包括科学研究、艺术创作、商业创意等。在本项目中，我们采用创造性实践进行过程性评价，旨在鼓励学生用新的方法和技术来解决问题（表1-4-3）。

表1-4-3 过程性评价量表

班级：		小组名称：		
评价等级	A	B	C	得 分
知识运用	能将地图方向、比例尺、图例和注记运用到手绘地图中	了解基本的方向、比例尺、图例和注记；能完成学习单大部分内容	不能运用所学知识完成学习单	
实践技能	积极实践，能结合实景在手绘地图中设计一条游览路线	配合知识点完成学习单的基本任务	不愿意动手实践	
总结交流	能得出调研结果，并对留云湖生态环境保护提出具体建议	基本完成调研结果，但未能完全解决问题	未完成总结交流	
团队合作能力	团队可以独立完成任务，团队能有效进行角色分配，积极交流，共同决策，组员间能相互支持	团队需要在帮助和监管下进行交流，并能完成共同学习	团队沟通问题无法解决，对学习任务产生影响	

2. 结果性评价

结果性评价是一种基于结果的评价方式，旨在评估学生在实践过程中的学习表现。结果性评价采用多种评价标准，如作品质量、研究成果、交流表现等。在本项目中，我们采用结果性评价来评估学生在实践过程中的学习表现，并鼓励学生反思自己的表现，不断提高自己的能力（表1-4-4）。

表1-4-4 项目化学习成果评价量规

评价内容	评价标准		
	极 佳	优 秀	良 好
任务一	能够准确"填方位""画路线""算距离""圈答案"	介于"极佳"与"良好"之间	准确性只有一半以下
任务二	能够快速找到对应取水点，水质检测结果准确		在他人的指点下找到对应取水点，水质检测结果部分正确
任务三	动植物名称、典型识别特征、形成这一特征的可能原因等填写准确；识别的对象在三个及以上		动植物名称、典型识别特征、形成这一特征的可能原因等部分填写准确；识别的对象在三个以下
任务四	多角度提出建议，且建议具体明确		提出的建议角度不多，建议还不够具体明确

（五）关键问题探讨

1. 突破课堂"边界"，扩宽思维空间

虽然实践课程资源就在学生生活的周边区域内，但基于对学生人身安全和课时进度的考虑，学生在中学学习过程中往往缺少走出校园的实践体验。一次户外实践教学能够打破"封闭式"的传统课堂教学模式，把课本知识和周边资源有机结合在一起，让学生走出去观察、探索身边熟悉的、贴近生活的地理，满足他们活跃的思维、强烈的好奇心和求知欲及探索欲望。

2. 增加乡土情怀，提升凝聚力

在实践活动中，学生走出校园，通过对周边区域的实践探索，学生可以深入感受家乡环境特点，进而了解形成过程及原因。教师在充分了解学生学习兴趣的前提下筛选学习内容，从而引导学生开启对乡土环境的探索，增加对家乡的热爱之情。

3. 完善学习方式，提高核心素养

实践活动可以完善学习方式，通过选择学生感兴趣的活动可以充分发挥学生学习的主体性和主动性，引导学生在活动中主动观察、记录、思考、分析，发现问题、解决问题，真正做到深度参与实践学习活动，培养学生核心素养（图1-4-5）。

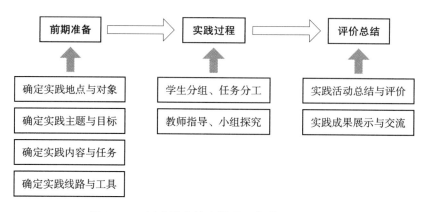

图1-4-5　以实践为核心的项目化学习实施路径

五、如何为校园植物挂铭牌

课程类型	活动课程
年　　级	六、七、八年级
课 时 数	12课时
所属学校	上海大学附属嘉定留云中学
设 计 者	焦　艳
实 施 者	焦　艳

《义务教育生物学课程标准》提出在真实情境中解决问题的要求，落实中通常需要综合运用科学、技术、工程学和数学等学科的概念、方法和思想，设计方案并付诸实施，以寻求科学问题的答案或制造相关物品。此类跨学科实践是初中生物学课程的重要学习主题之一，学生通过实践，能够满足对自然界的好奇心、认识生物学与社会的关系，能够综合运用生物学和其他学科的知识和方法，通过设计和制作，解决现实问题或制造特定的物品，发展核心素养。校园植物不仅仅发挥着其生态功能，还具备知识学习、德育教育、审美培养、劳动教育等作用。本项目依托上海大学附属嘉定留云中学的自然环境，着眼于学生的兴趣，因地制宜地开展为植物挂铭牌的活动项目化学习，多维度提升核心素养。

（一）为什么做这个项目

2016年11月30日，二十四节气被列入联合国教科文组织人类非物质文化遗产名录。被誉为"中国第五大发明"的二十四节气是我国先民通过对自然现象的长期观察、记录、提炼，总结其规律，一步步探索自然奥秘形成的知识体系和社会实践，充分体现了中国人尊重自然、效法自然、顺应自然、利用自然的观念，彰显了中国人与自然和谐相处的智慧和创造力。

为让学生了解二十四节气，传承与保护中国传统文化，我尝试以二十四节气为主线开发初中生命科学实践活动课程，引领学生从中汲取智慧。本项目化学习基于我校的校园文化特色，拓展"云"德育特色的传承式国学教育内涵，以春季的第三个节气——惊蛰为背景展开。

"春雷响，万物长。"惊蛰时节，春雷滚滚，我们的校园渐渐出现"红杏深花，春畴渐暖年华"的美卷。一草一木，你是否都能叫得出它们的名字呢？有时候，我们似乎习惯了这片片绿色带来的清新与舒适，却不曾亲近它们，听一听它们想说的话，看一看它们所演绎的生命。

本项目带领学生真正走进校园，走近身边的生命体，在与自然的亲密接触中，去观察去触摸去感受去分析。在亲历了植物调查、铭牌设计、铭牌制作、挂铭牌等过程后，无形当中掌握一种观察事物的方法，生成一种调查的思路，形成一种综合解决问题的能力，学会合作，学会表达，学会生存。子问题的设计层层递进，使学生成为项目的研究者，在解决问题的过程中逐步发现植物世界的奥秘。

校园的一切都可以承载学习的意义。以自然为师，学生亲身参与到创建绿色校园、人文校园中来，领略植物的形态各异，倾听植物的声音，树立校园主人翁意识，而教师陪伴学生们去发现去创造，尊重学生的差异，倾听学生的声音，一起面向未来，这也是本项目的意义和价值所在。

（二）项目设计

1. 项目目标

（1）认识上海地区一些常见植物，关注校园植物生存现状，形成热爱生命、热爱校园、人与自然和谐共处的基本观念。

（2）能根据设计对象的功能需求，进行造型的构思与设计，制作一个兼具科学性、美观性和互动性的个性化植物铭牌。

（3）能利用网络和书籍搜集自己需要的信息和资料，并对信息进行编辑、整理和加工，建设校园植物信息库，形成创新能力。

（4）能熟练运用语言技能表达自己的观点，做到清楚、连贯，有感染力和说服力。

（5）能对劳动过程与劳动成果进行反思和总结，进一步提高创造性劳动和合作能力。

2. 挑战性问题

（1）本质问题：惊蛰时节，上海地区有哪些常见植物？

（2）驱动性问题：留云中学的植物资源丰富，但很多植物还处在"匿名"状态，假如你是惊蛰节气文化宣传大使，如何让同学们发现它们的有趣与美好呢？过程中又如何兼具科学性、美观性和互动性？

（三）项目实施

1. 入项

惊蛰时节，校园里的植物渐渐复苏，一派生机勃勃。一草一木，我们是否都能叫得出它们的名字呢？快来为你喜爱的云中植物制作一块专属铭牌，为它代言吧！

经过师生共同研讨，我们将项目总任务进行了拆解，梳理出六个板块的子主题，形成鱼骨图（图1-5-1），并以此为基础，深入思考完成每个板块的要素，设计生成"我为植物代言"活动任务单，学生以小组为单位编制切实可行的项目计划表。

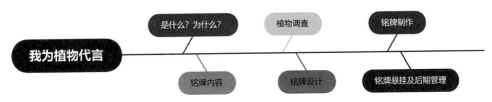

图1-5-1 项目总任务经拆解后的六个子主题

2. 问题探究

子问题1：什么是植物铭牌？为什么要给植物做铭牌？

学生通过调研，发现校园植物铭牌的现状：

（1）悬挂的铭牌数量较少，不够普遍；

（2）有新的植物迁入，未能及时补充新铭牌；

（3）个别铭牌悬挂位置不够醒目；

（4）现存铭牌内容较为简略或制式，宣传效果不佳；

（5）铭牌的形式不够多样。

综合以上调研结果，项目组成员达成共识，为校园植物挂铭牌不仅可以向师生普及植物学知识，多维度欣赏、认识植物，还能为校园环境的建设贡献自己的一份力量，同时，提醒大家爱护花草树木，爱护我们的绿色校园。

子问题2：植物铭牌上可以呈现哪些内容？其中，哪些内容是必需的且必须科学严谨的？哪些内容是可以个性化设计的？

通过头脑风暴，关于铭牌的内容，学生们归纳出几个关键词：简洁、美观、科学，这也是我们设计铭牌时应遵循的原则。那么，铭牌上究竟要具体呈现哪些内容呢？教师将学生们提出的问题进行汇总，并形成任务单（表1-5-1）。

表1-5-1 子问题2的任务单

解决该问题的方法	铭牌内容	必要且必须科学严谨的内容	可个性化设计的内容
1.			
2.			

学生通过观察周边的公园、小区等地方的植物铭牌，并通过网络、书籍查阅相关资料，梳理出铭牌的内容。内容上中文名称要醒目，体现学名和本地俗名，文字简介其生物学特性、习性、分布以及用途等，还可以将记录有该种植物具体信息的文字、图片、语音与视频等做成二维码，并呈现在铭牌合适位置。另外，还可以介绍一些有关该种植物的诗词、美文、花语等，赋予植物更加丰富的意义，以满足不同层次、不同维度的需求，同时，使其成为校园文化建设别具一格的一部分。

子问题3：植物铭牌上的内容可通过哪些途径获取呢？遇到不认识、不熟悉的植物怎么办？

植物铭牌上的内容可以非常便捷地通过网络、书籍等方式搜索到，但

五、如何为校园植物挂铭牌

如果这种植物是我们不认识、不熟悉的，查阅资料似乎就成了大海捞针。为了解决这一难题，教师向项目组的学生讲授了进行植物观察和鉴别的方法，并推荐了一些专业书籍，如《中国植物物种信息库》《中国高等植物图鉴》《了解植物，关心生态》等，还有几款识别植物的APP软件作为辅助。

学生以小组为单位，明确分工后，即开始对校园植物进行调查。

在调查的过程中，借助纸笔和相机等对植物进行记录。对植物的主体和果实、种子、叶、花等器官进行拍照，并上传至科艺植物科普小程序，最终生成校园植物名录及校园绿色地图（表1-5-2、图1-5-2）。

表1-5-2 校园植物部分名录

序号	拉丁科名	中文科名	属名	中文属名	拉丁名	中文名
1	Adoxaceae	五福花科	Viburnum	荚蒾属	*Viburnum odoratissimum* Ker Gawl	珊瑚树
2	Aquifoliaceae	冬青科	llex	冬青属	*llex hylonoma* Hu et T. Tang	细刺枸骨
3	Asparagaceae	天门冬科	Ophiopogon	沿阶草属	*Ophiopogon japonicus* (L.f.) Ker Gawl.	麦冬
4	Berberidaceae	小檗科	Nandina	南天竹属	*Nandina domestica* Thunb.	南天竹
5	Bignoniaceae	紫葳科	Campsis	凌霄花属	*Campsis grandiflora* (Thunb.) K. Schum. in Engler et Prantl	凌霄

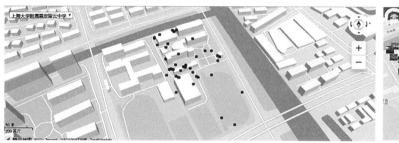

图1-5-2 校园植物绿色地图

子问题4：你喜爱的校园植物是什么？在哪里？请为它设计一块铭牌吧！

植物调查结束后，学生可选择其中自己喜爱的一种校园植物，为它设计一块专属铭牌（图1-5-3）。

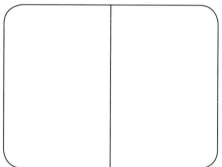

图1-5-3 植物铭牌设计任务单

2020年，国内首个植物铭牌地方标准《植物铭牌设置规范（上海市）》经上海市市场监督管理局批准并正式发布，这也为我们设计的校园植物铭牌提供了标准化、科学性的参考。依据该规范，铭牌的正面可通过文字简介植物的中文名、学名、别名、特征与观赏性、生态习性等，铭牌的背面可介绍该种植物的诗句、美文、花语、象征意义、用途、趣味小故事等，凸显个性化设计，帮助人们多维度、立体地了解植物。

植物信息二维码的制作经喜爱度投票，并综合考虑学生现有的技术，确定采用音频转二维码的形式。录制音频前，学生先完成了以"我为植物代言"为主题的小作文。教师进行写法指导，引导学生细读一些范例，在具体的表达上，有提纲式、叙述式、个性化等不同写法。提纲式，并列表达、分项说明、条理清楚，令人一目了然；叙述式，用说话的语气娓娓道来、重点突出，让人倍感亲切；个性化表达，或采用第一人称，或采用拟人化手法，生动有趣，能吸引人（图1-5-4）。

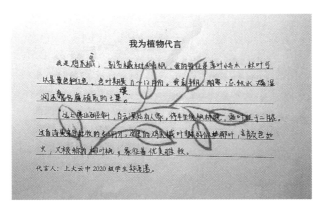

图1-5-4 "我为植物代言"学生作品

有了书写的文本，二维码的制作就轻而易举了。学生将录制好的音频生成二维码，并打印成合适的大小（1.5 cm×1.5 cm），粘贴于植物铭牌适当的位置（图1-5-5）。另外，电子版的二维码也可同之前生成的植物名录及绿色地图一并存储于校园植物数据库中，以供实时修改纠正、更新迭代，保证植物信息的准确性。

图1-5-5 学生制作的梅、枇杷、散尾葵和紫薇的二维码

子问题5：植物铭牌有哪些形式和尺寸上的要求？可用什么材料来制作铭牌？材料的选择要考虑哪些因素？

设计铭牌乍一看只是一个单纯的美工作业，殊不知要做出一块兼具艺术性、功能性和交互性的有创意的植物标牌，并非易事。铭牌的设计图已经有了，接下来的重要任务就是要将设计图变为实物。

铭牌是采用套绳挂牌还是立支柱牌？教师和学生们更喜欢什么风格的铭

牌？铭牌做多大尺寸比较适合？选用什么材料制作才能防晒防水，更加经久耐用？制作成本如何控制才能做到物美价廉？

基于以上关键问题，学生们通过对环境和植物的实地考察与测量，确定了铭牌采用套绳挂牌的形式，大小在20 cm×15 cm范围内；通过对周围老师、同学的访谈，确定了这次的铭牌统一为"许愿瓶"风格，一年之计在于春，希望一个个许愿瓶承载着大家的美好愿望和梦想，在留云中学的沃土上生根发芽；通过对材料的对比和可行性分析，确定以塑封/塑料瓶+卡纸的组合作为制作材料，辅以干花、书签穗为装饰，既美观灵动，又实现了废物的再利用，绿色环保且节约成本（图1-5-6）。

图1-5-6　学生制作的植物铭牌

子问题6：为植物挂铭牌时应注意什么？后续，铭牌的管理与维护该如何进行？

为植物挂牌时，我们应考虑每种植物的生长特性，选择对植物伤害最小的挂牌方式。即使树木生长变粗，挂牌也能够灵活地调整，同时，也应注意不要影响植物原有的美感，考虑是否会给其他活动的开展带来影响。另外，悬挂的高度和密度也要科学合理。

悬挂好铭牌并不意味着项目的结束，后续的管理与维护至关重要。专人管理，定期巡查，发现铭牌有缺失、破损、字迹不清的，应及时补充、扶正、修复、保洁，挂绳也应根据使用的材料和植物的生长速度，适时调节或更换。

3. 出项

2023年3月，学校举行了校园植物挂牌活动，也是本项目的出项活动。仪式上，项目组的学生一方面介绍了自己是如何设计并制作植物铭牌的，另一方面介绍了该种植物。受邀参加活动的师生代表聆听了学生们的介绍,并分小组选择其中喜爱的植物进行认养。

仪式后,师生们一起为校园植物挂上了专属铭牌。

对于出项展示的评价主要从三个维度展开,分别是项目方案、研究方法和成果介绍。其中,项目方案主要围绕项目成果本身进行评估,包括能否体现铭牌设计的科学性、美观性和创新性,能否体现铭牌选材的实用性,能否体现铭牌悬挂的规范性等。研究方法主要围绕项目实施过程进行评估,包括是否有真实的研究过程、研究材料是否完整、能否体现小组分工与合作等。成果介绍主要围绕现场表达进行评估,包括表达是否清晰完整、有说服力和感染力等。

通过这样的出项活动,学生在继设计并制作植物铭牌之后,又亲手将铭牌陈列在校园里,学生与校园植物的联系进一步加强,不仅能够极大地提高师生们的主人翁意识,还能为校园环境添加一抹不一样的色彩。

4.反思与迁移

该环节,教师引导学生利用结项反思单对整个项目的学习过程和学习成果进行反思,对课程的设计和实施进行了反馈,并对那些在项目实施中还未解决的、未来想要继续研究改进的问题进行了设想(表1-5-3)。

表1-5-3 结项反思单

| 姓名: | 组别: | 日期: |

反思维度	具 体 问 题	我 的 回 答
关于过去的我和现在的我	1. 在这个项目中,你学到了什么新知识?提升了哪些能力?	
	2. 在这个项目中,你遇到了哪些问题?又是如何解决的?	
	3. 参与本项目,对你的学习和生活有哪些影响?	
关于课程	1. 你认为这个学习项目中最有趣的活动是什么?	
	2. 你希望教师在项目的安排上做出哪些改进?	
关于未来的我	1. 在这个项目中,有哪些尚未解决的问题?未来,你将如何解决?	
	2. 如果你再参加项目化学习,你会在哪些方面(学习态度、探究方法、展示方式等)做出改进?	

作为学生,通过为校园植物设计、制作、悬挂铭牌,不仅培养了学习生命科学的兴趣,提高了积极解决问题的能力和设计思维的应用能力,同时还培养了积极负责有担当、热爱学校热爱大自然的良好品德。随着项目的完成,校园内的植物有了自己专属的名片,当我们再次穿梭于校园中时,当这些设计制作者们再次看到这些铭牌时,内心是充满欢快、自豪与热爱的。

当然,学生在项目实施过程中也遇到了不少困难,其中最具挑战的当属植物的鉴别了。由于各植物的生长周期不同,在对校园植物进行调研的时候,有的植物还没长叶子,有的植物没有花、没有果实,无法观察到植物的所有器官,这就对植物的鉴别造成了客观上的阻碍。还有一些植物的形态特征非常相似,导致区分上的混乱和困难。为了保证科学性,师生应加强沟通交流,教师需严格把关,并以一个参与者的身份参加项目活动,及时给予学生必要的专业指导。

在未来,本项目将会在总结反思经验的基础上更新迭代,如:制作铭牌的材料会更加多样化,木头、金属均可;用3D打印技术和激光切割技术对制作铭牌的材料进行加工;除了音频外,可以尝试自制介绍植物的视频,生成二维码;扩大植物调查的范围,使得植物名录和植物地图更加完整;设计一个详细可行的后期维护和管理铭牌的计划等。虽然本项目已经结束,但希望同学们对项目的进一步研究能够一直在路上。

(四)项目评价

1. 过程性评价

过程性评价贯穿于项目化学习的整个过程中,与学习活动互相配合,学生在过程性评价中,不断地进行主动反思,获得持续的目标感和内驱力,推动项目一步一步地实施,促进学生形成成长型思维。本项目主要针对探究性实践、技术性和调控性实践进行过程性评价(表1-5-4)。

表1-5-4 过程性评价表

评价项目	达标	发展中	起步	自我评价	教师评价
探究	我对校园植物铭牌的设计制作充满了好奇,有强烈的求知欲	我对校园植物铭牌的设计制作有一定兴趣,愿意探究	我对校园植物铭牌的设计制作不感兴趣,没有探究欲望	☆☆☆	☆☆☆

（续表）

评价项目	达 标	发 展 中	起 步	自我评价	教师评价
探究	我能积极应对遇到的问题，并能找到科学高效的解决措施	我能积极应对遇到的问题，但对于找到科学高效的解决措施有一定困难	我对遇到的问题无法积极应对，不能主动寻求解决措施	☆☆☆	☆☆☆
技术	我能对植物进行细致的观察，并能熟练地使用工具书和软件对植物进行鉴定	我能对植物进行较为细致的观察，并基本能使用工具书和软件对植物进行鉴定	我对植物的观察不够细致，借助工具书和软件也很难对植物进行鉴定	☆☆☆	☆☆☆
技术	我能高效率地对收集到的植物信息进行有效的筛选和整理	我能对收集到的植物信息进行粗略的筛选和整理	我对收集到的植物信息无法做出合理筛选	☆☆☆	☆☆☆
调控	我能编制详细可行的项目计划表，并严格按照时间节点进行实践，并能保质保量完成既定任务	我能编制切实可行的项目计划表，但有时候不能在时间节点完成既定任务	我编制的项目计划表不够完整合理，完成既定任务时有拖沓的现象	☆☆☆	☆☆☆
调控	我能综合各方面因素，果断做出决策，并能提出多元化的想法	我需要在同学的帮助下做出决策，提出的想法不够多元化	我无法做出决策，想法较为单一	☆☆☆	☆☆☆

2. 结果性评价

本项目的结果性评价主要针对项目方案、铭牌制作以及表达交流这三个方面展开。结果性评价综合反映了学生在整个项目中核心的知识能力以及素养的提升（表1-5-5）。

表1-5-5 结果性评价表

评价项目	评价标准	分值	得分
项目方案	项目方案的科学性与可行性	15	
项目方案	项目计划表的完整度和完成度	10	

（续表）

评价项目	评价标准	分值	得分
项目方案	项目方案体现明确的小组分工与合作	10	
铭牌作品	铭牌内容的科学性	5	
	铭牌内容的美观度	5	
	铭牌设计的创新性	10	
	铭牌材料的实用性	10	
	铭牌悬挂的规范性	5	
表达交流	报告内容完整，详略得当，条理清晰	10	
	语言表达流畅，具有吸引力和感染力	10	
	能与他人积极地沟通互动	10	

（五）关键问题探讨

1. 转换时空，开发第二课堂

学生们天生对身边的事物和现象充满好奇，渴望了解身边的一切，他们有着无穷的创造力和想象力。自然科学不只是简单的知识积累，也不只发生在教室和实验室里，它还是人们观察和改变世界的一种方式。该项目带领学生走出教室、走进自然，利用校园丰富的植物资源，开发第二课堂。

观察一棵树，触摸一株草，细嗅一朵花，学生在与大自然亲近的过程中，突破了传统学习的时空限制，唤醒原有认知和潜在意识，将学习与生活有机结合，感受到校园生活的美好，培养起主人翁意识，主动参与到学校的人文与自然环境的建设中来。

2. 转变主体，凸显学生地位

开展为校园植物挂铭牌的项目化学习活动，有利于促进学生多维度核心素养的发展，为其终身发展做好铺垫。

学生通过拆解总任务，生成项目方案和计划表，提升分析和解决问题的能力；通过上网搜索、整理与编辑植物铭牌内容，提升收集和处理信息的能力和应用信息技术的能力；通过设计植物铭牌，培养创新精神；通过团队合作、亲历制作和悬挂植物铭牌，提升社会实践能力和劳动实践能力。

驱动性问题与任务贯穿项目始终，充分调动学生的主观能动性，教师是同学生一样的参与者或者提供专业性指导的辅助者。

3. 转化模型，培养设计思维

设计思维强调，面对问题不要急于去消灭它，而要对这个问题有更深入的理解，再着手去解决。为什么要做植物铭牌？铭牌的设计要遵循什么原则？应体现哪些内容？铭牌的制作采用什么形式和大小？铭牌的材料需满足什么条件？铭牌如何悬挂更美观、互动性更强？当我们明确了问题并着手寻找解决办法时，也不会很快就锁定一个解决办法，而是去探索各种可能性，最后再确定一个最优方案，并不断地测试、实践和改进。

该过程模型为问题与解决方法之间保留了足够的空间，而这个空间就是学生可以自主探究实践、肆意生长、获得成长的天地。

六、如何制作迪士尼"家庭一日游"攻略

课程类型	活动课程
年　　级	六年级
课 时 数	10课时
所属学校	上海大学附属嘉定留云中学
设 计 者	沈安晴
实 施 者	沈安晴

说起春日出行，上海迪士尼的热度一直高居不下的，从小孩到老人，都有适合自己的游玩项目，想要找一个适合家庭出游的地方，这里再合适不过。本次项目，尝试运用项目化学习理念，我们从学生的视角出发，让他们成为本次旅行的策划者，通过意愿调查、网络搜索、信息筛选以及整合，制定一份旅行攻略，用自己的所学，为家庭出游贡献一份力量。

六、如何制作迪士尼"家庭 一日游"攻略

（一）为什么做这个项目

迪士尼一直是孩子们心中的奇幻王国，都说它是一个保留童年最完整的地方，作为上海的中学生，凭借地理优势，有不少已经去过上海迪士尼了。但随着学生的自我意识逐渐成熟，学生更希望从"被动"的角色转换为"主动"的角色。本项目在制作攻略的过程中，锻炼学生信息处理和解决问题的能力，提升他们实践创新的素养，体会学习的本质，使学生在情境中获得生长性经验，在持续地自我发现问题和自主解决问题中探索世界、认知自我、发展理性。

（二）项目设计

1. 项目目标

（1）了解制定旅游攻略的基本流程，能通过查阅资料，列出攻略设计的清单，熟悉各个环节之间的联系。

（2）学会信息收集的常见方式和工具，并尝试分类汇总。

（3）了解统筹规划的基本思想，对错综复杂、种类繁多的信息进行统一筹划，合理安排适合自己家庭游玩的方式。提升统筹规划能力、信息检索能力、数据运算能力。

（4）在活动过程中，学会任务分工，提升有效沟通和团队合作的能力。

2. 挑战性问题

（1）本质问题：旅游攻略需要包含哪些基本信息，如何处理这些信息？

（2）驱动性问题：迪士尼是一个让大家十分向往的游乐园，曾经，也许你憧憬过里面美好单纯的童话梦，也许你在父母的带领下已经打卡了丰富多彩的游乐项目，而这次，你作为家里的小大人，由你策划，如何制作一份迪士尼家庭一日游攻略？

（三）项目实施

1. 入项

本次攻略制作，是学生增强家庭参与感的一项重要活动。迪士尼的游乐项目众多，考虑到家庭出游，我们很难在一天内玩遍所有项目，所以需要提前规划好本次旅游线路，算好旅行费用。本次活动主要考察了学生信息收集加工和统筹规划的能力，教师引导学生进行信息检索、信息加工，学生利用已经学习

的信息技术和数学知识进一步实施数据运算、统筹规划,利用现代网络技术、简单的统筹思维工具,以手绘、软件画图等呈现项目成果。

2.形成实施计划与问题探究

子问题1:关于迪士尼,家人有哪些特别青睐的项目?

旅行中要有好的体验,我们需要兼顾家人的意愿。那就准备一次家庭会议吧!上海迪士尼以奇幻童话城堡为中心,四周分布着七个主题园区,分别为米奇大街、奇想花园、探险岛、宝藏湾、明日世界、梦幻世界、迪士尼·皮克斯玩具总动员。每一个主题园区都有适配自己主题的游乐项目,比如拍照观光的地标性建筑,以及刺激的互动体验。如果只是徒步一圈,所需的时间并不会太久,但考虑到很多演出有规定的时间,以及一些可轮换项目有排队需要,所以在家人的游玩意向方面我们主要考虑的是以上两个因素,当然,还有部分项目有年龄和身高的客观因素限制,意向考察结束后,在可选范围内,将自己喜欢的项目圈出,最后将家人的意向列一个清单(表1-6-1)。

表1-6-1 家庭成员游玩意向清单

成员姓名	必玩清单(按照意愿从前到后)				年龄和身高限制
	项目1	项目2	项目3	项目4	
...					

为了帮助家人体验一些出色热门的项目,学生也提前在网上做好功课,收集到以下热门项目:飞跃地平线、加勒比海盗、花车巡游,等等。通过网友的介绍,在家人们选择游玩项目的同时,也会多一些不一样的体验。最后根据清单,纵向列出优先级,均衡家人们想要游玩的项目点。接下来就让我们结合园区地图和各项目开放时间进行具体的分析和路线的规划吧。

六、如何制作迪士尼"家庭 一日游"攻略

子问题2：如何根据上述项目制定合适的路线？

到了这个环节，学生不仅仅需要收集家人的基本信息，而是需要更多的数据支撑，比如园区的游乐项目的位置、开放时间等，这些数据可以从哪里找到呢？迪士尼的官方App就给了我们很详细的信息。

面对子问题1中给出的项目，学生借用图1-6-1先圈画出地点，根据地点的分布确定好初步路线。比如我们可以按照顺时针游览的顺序或逆时针游览的顺序，这样走的路程最少。但是在制定路线的过程中，大家发现排队时间也是影响游玩体验的重大因素，那么除了排队时间，还有哪些需要考虑的呢？

 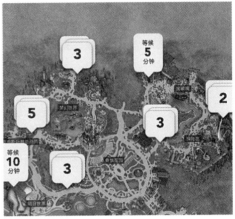

图1-6-1　上海迪士尼App地图截图

我们建议学生去其他社交平台求助网友，借鉴网友们的攻略，或者是求助已经有过游玩经验的同学，大家总结出这样几个需要考虑的点：

（1）必玩项目的平均排队时间；

（2）花车巡游和演出项目的场次安排；

（3）在必玩项目排队过久情况下，周围是否有可以替代的项目，或者做一个近距离的调换。

以上这些工作，学生个体是无法完成的，这时候我们建议学生在小组内开展分工，主要关注以下几个方面：价格信息、时间信息、线路信息、已有路线参考，通过个人独立完成以及同伴合作互助等模式，一同完成本轮数据的收集，最后讨论筛选整理形成初步的路线规划（图1-6-2）。

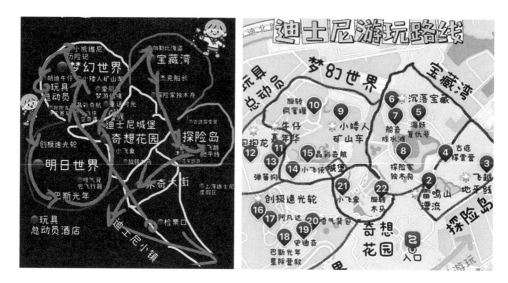

图1-6-2 学生制作的迪士尼游玩路线规划图

子问题3：如何制定本次的费用预算？

现阶段学生们考虑到的费用主要包括：交通费、门票、餐食、购物或其他游玩升级项目，我们用表格列举出来，方便计算（表1-6-2）。

表1-6-2 "家庭一日游"费用预算

费用支出项目	金额（元）	备注
交通费		
门票		
餐食		
购物		
其他升级体验		

上海迪士尼游玩时还存在一些额外费用，学生在计算这类费用时，大部分停留在简单罗列的阶段，如交通费，从图1-6-3可以看出，不同停车场的选择，支付的费用不同，也有学生提出，大部分家庭居住在南翔，若是从南翔出发，汽油费也是项不容忽视的支出，而其他升级体验，则要看学生的消费观，是更加倾向于经济实惠的游玩风格，还是倾向于注重场景体验的游玩风格，是

时候再来一场家庭会议,这也是一个可以磨合家庭价值观的途径之一。再如门票费用,周末和平时会有小小的差距,如果更深究一点,我们可以通过计算对比,是单独购票划算,还是购买套票划算,这里的数学知识,看似只是简单的计算,但是对比的过程就稍显复杂,我们建议学生根据自身能力,选择自己能做出的最优解。

上海迪士尼停车

小程序"上海国际旅游度假区"可看实时余位。

打车到"迪士尼地铁站3号口"	步行10分钟		
迪士尼小镇地面停车场 P1	步行6分钟	至少提前一天买	240元/天
		现场收费	30元/时
迪士尼米老鼠停车场小型客车上下客区 P5	步行15—20分钟	11:30之前	100元/辆
		11:30-20:00	50元/辆
		20:00以后	10元/辆
		重复进出	另行支付
迪士尼度假区P6停车场	国际旅游度假区2路 32分钟	60元/次	
秀怡苑小区	地铁11号线27分钟	5元/天	
汤巷馨村北区南	地铁11号线22分钟	20元/天	

上海迪士尼服务

早享卡	7:30开放入场,比别人提早1个小时 至多提前7天买	169元/人
尊享卡	走优先通道,减少排队时间 入园后才可购买	140—300元/项
礼宾卡	早享卡+尊享卡+花车+冬日巡游+烟花预留位 至多提前7天买	1200—2500元/人
尊享导览	早享+所有项目尊享+所有项目预留位+商品8折+导游 提前14天开放,3份起购	4000—5000元/人

迪士尼乐拍通APP		
一日通	摄影师固定在9个热门拍摄点无限拍,现场打印另付 ▶ 只能绑定在一张门票上	238元1—
约拍服务	摄影师跟拍,含10张高清照	700元1.5小时

图1-6-3 上海迪士尼游玩额外费用参考图

3.形成项目成果

在本次游玩攻略制作的过程中,不同的选择会衍生不同的问题。作为教师,在引导这样的活动时要保持积极乐观的态度,对学生的选择给予认可和鼓励。而游玩攻略方面,最终学生锁定了这几项来展示:游玩路线、时间安排、费用预算。在这过程中,学生不断调试新的方案,不断打磨,体现了学生精益求精的精神。

4. 出项

学生通过文字、图画、表格等形式展现自己的项目成果，阐述家人选择各个景点的理由，大家评选出优秀方案（图1-6-4）。也有的学生结合自身经验为大家现身说法，在展示的过程中，大家互相补充，让成品更加完善。春天渐暖，更深入的研究可以提上日程，不妨出门亲身体验，希望学生们有更多心得回来与大家一同分享。

图1-6-4　学生制作的上海迪士尼一日游攻略图

5. 反思与迁移

根据学生设计的路线，我们可以看出不同的路线具有不同游玩体验。每个学生都有自身的喜好偏向，如此就能形成多样化的旅行乐趣。我们可以分析不同的学生对项目的喜爱度，从而判断学生的兴趣倾向。在以后的攻略设计中，我们可以逐步指导学生对游玩路线进行评估，游玩路线的选择带来了"博弈"概念，学生从中选择一条优质的路线能够达到从理论走向实践的效果。当然，不同的景点都可以锻炼学生的想象力。学生在与家长沟通过程中，不断学习沟通技巧和情感互动，从而不断增强学生对游玩设计的兴趣。

（四）项目评价

1. 过程性评价

本次活动的主要意义在于，在实践中逐步培养学生的目标感，带领学生体会由低阶知识向高阶思维转换的过程，这一转化过程离不开学生之间的合作，所以本次量表侧重合作学习的过程性评价（表1-6-3）。

表1-6-3 过程性评价表

评价项目	评 价 内 容	得分（满分10分）
参与程度	主动参与分工任务，并能高效完成	
创新思维	能经常提出自己的看法和创新方案	
学习态度	积极完成各项讨论活动，在过程中能独立思考，宣扬积极向上的精神	
主动学习	能及时吸收团员的想法和建议，并能主动解决问题	
学习掌握情况	能在过程中学习到基本知识和基本技能	

2. 结果性评价

本次项目的最终评价主要以学生展示讲演结合学生互评的方式进行评比，可采用表1-6-4进行辅助。

表1-6-4 结果性评价表

评价项目	评 价 内 容	得分（满分10分）
完整度	包含线路、时间安排、费用预算	
创新度	形式新颖/有创造性	
美观度	呈现效果清晰有条理	
可操作性	易于推广实行	
表达能力	现场表达生动清晰有趣	

（五）关键问题探讨

1. 如何锻炼学生辨别信息的能力

在本次攻略制作过程中，学生可以借助到的工具很多，可以检索到的信息也很多，随着信息技术的发展，我们会接收到更多的信息，如何做好这些选择题，也是学生以后要面临的问题之一。学生们在资料阶段表现出很强的搜索能力，制作攻略对于学生统筹能力有一定的要求，看似简单的时间规划和费用预算，要做得有条理也是一件很不容易的事情，所以在信息整理方面还可以继续加油。信息的获取随着技术的发展越来越容易，但信息的筛选也就越来越难，突出重点，保持判断，数学的学习也是如此，我们要学习的不仅仅是简单的知识，更是知识的融合。

2. 在过程中引导学生的目标感

可以借用SMART原则，帮助学生在一定的期限内，从具体的、可量化的、可实现的目标开始，发展一些与他们未来相关联的目标。生活中很多的通用技能是在策略性和隐性的知识中习得的，我们设立一个问题，然后解决，这也同样适用于事实性知识和系统性的框架知识，学习的途径并不止于学校，这种目标感会帮助学生树立终身学习的观念。

七、如何提升留云湖周边居民的社群认同感

课程类型	活动课程
年　　级	七、八年级
课 时 数	8课时
所属学校	上海大学附属嘉定留云中学
设 计 者	葛铭嘉
实 施 者	葛铭嘉

当前，以中国学生发展核心素养体系的提出为标志，我国的基础教育课程改革正在进入一个新阶段。核心素养是指学生在综合运用所学知识与技能方法去解决实际问题中体现出的价值观、品格和能力。

如今，单一的学科知识难以解决越来越复杂莫测的社会问题，而项目化学习的推广能够孕育出思维性、自主性、发展性的长期学习意识，培养出适应社会日益变化的新时代人才，是一场指向核心素养的教育变革。其中，活动项目是项目化学习中的重要一环，它以探索并解决日常情境中的实际问题为目标，能够充分调动学生的自主学习积极性。在发现问题、解决难题、总结归纳的过程中，学生不仅提升了个人核心素养，更能形成有效的迁移运用，将所学所知所感真正应用于社会实践中。

基于上述思考，本项目聚焦围绕留云湖一带的南翔镇东社区，通过搜寻实物、查找文献、采访长辈、整理口述史料、绘制设计图等多种实践方式，探寻东社区居民对于昔日的上海环球乐园、今日的留云湖公园的印象，加强身为"留云大家庭"一分子的社群认同感。

（一）为什么做这个项目

位于嘉定区南翔镇东社区的留云湖公园是南翔镇的地标景点之一。它的"前世"是著名的"上海环球乐园"，曾为20年前的孩子们带来美好的回忆，一度成为当地人的骄傲。20年后的今天，由环球乐园改建而成的留云湖公园依然作为南翔镇的地标景点，成为东社区居民们郊游踏青的不二选择。

上海大学附属嘉定留云中学师生与留云湖公园有着特殊的缘分。就历史背景而言，留云湖周边的学校与留云湖公园都是南翔镇大型居住社区（东社区）开发计划中的重要组成部分，可以说上海大学附属嘉定留云中学是与留云湖公园一同"诞生"、一起"成长"的。从地理位置来说，学生们居住的社区大多也分布于留云湖畔，而上海大学附属嘉定留云中学与留云湖公园的距离更是只有1 000米，这座自然环境优美的公园就好比是"后花园"那般触手可及；就学生成长来看，学生大多是土生土长的本地人或出生在南翔镇的随迁居民子女，父母长辈对于关停的上海环球乐园有着难舍的回忆，但在学生们出生时，上海环球乐园已经被改建为了如今的留云湖公园，他们对留云湖的来历表现出浓厚的好奇；从课程开发角度来谈，在多年间持续开设"PECULIAR"系列课程，学生们能够围绕着留云湖公园展开一系列实践体验活动，如检测湖水的水质、绘制全局地图和湖畔定向越野等。由此，学生"住在留云、学在留云、玩在留云"，对于围绕着地标景点留云湖公园的"留云社群"产生了高度的认同感。可近年来，随着学校办学规模的不断扩大，新生人数屡创新高，其中为数不少的新生都是刚搬入东社区的"新南翔人"，他们缺乏对于留云湖公园以及东社区的了解，迫切需要一个融入本地自然与人文环境的指引。

综上所述，追溯上海环球乐园的过往，观察留云湖公园的今生，构想南翔镇东社区的未来就成为上海大学附属嘉定留云中学开展项目化学习的绝佳选择。

（二）项目设计

1. 项目目标

（1）了解昔日的上海环球乐园与今日的留云湖公园，理解它们为何能作为地标建筑或景点，成为南翔镇人民的骄傲。

七、如何提升留云湖周边居民的社群认同感？

（2）通过搜寻实物、查找文献、采访长辈、整理口述回忆录、绘制设计图等多种实践方式发现问题并提出解决问题的方案。

（3）在实地考察与采访记录的基础上多角度地总结东社区居民对留云湖的印象观感以及身为"留云大家庭"一员的社群认同感。

（4）在小组分工合作中积极主动地展现自我。

2. 挑战性问题

（1）本质问题：什么是社群认同感？如何围绕着地标建筑或景点，提升当地居民的社群认同感？

（2）驱动性问题：

一是留云湖的"前世"——为何曾经引发热潮的上海环球乐园最终会惨淡停业呢？

二是留云湖的"今生"——今天的留云湖公园是否得到了东社区居民们的充分认可？如果是，留云湖的哪些方面赢得了当地居民的喜爱？如果不是，居民们对留云湖又提出了哪些值得探讨的意见或建议呢？

三是留云湖的"未来"——从游乐园到城市湿地公园，留云湖周边一带发生了天翻地覆般的变化。伴随着科技的不断进步与居民生活水平的不断提高，在下一个20年，你们认为留云湖还会有怎样的发展呢？不拘泥于现实的前提下，从东社区居民的学习、办公、娱乐等生活角度考虑，你希望留云湖变成什么模样呢？

（三）项目实施

1. 入项

在项目正式实施之前，教师引导学生们分成四个小组，并选出对留云湖较为熟悉的学生作为组长，负责规划、开展小组实践活动。此外，为了确保学生的安全，在去留云湖实地考察时，学校还将邀请一至两位家长陪同。

子问题1：留云湖公园的前世——上海环球乐园是一座怎样的游乐园？作为南翔镇曾经的地标建筑，它在开业之初吸引游客的"秘诀"是什么呢？

为了研究这一历史问题，学生们在教师的引导下设计了一张材料收集记录表，并以小组分工的形式，通过搜索老照片、查阅文献记录和访问长辈等方式了解上海环球乐园建立之初的时代背景，总结它在开业时引发热潮的原因（表1-7-1）。

表1-7-1 "留云湖的'前世':上海环球乐园"材料收集记录表

记录者:		所属小组:	
材料类型	文献材料	照片材料	口述材料
材料来源			

在收集到足够多的资料后,学生们共同总结道:

1996年9月,位于南翔镇的上海环球乐园正式开园。这座投资5亿元兴建的主题公园占地1 200亩,汇聚了世界著名景点36处、其他景观100余处。游客可以参与丛林探险、太空影院、跑马、赛车、泛舟、滑水等娱乐项目,领略异域奇观,品味他乡情调。在开园首年,客流曾达到了70万人次,但从第二年开始客流量就明显减少,直到2000年宣告停业。

子问题2:上海环球乐园仅运营了四年就关停了,它为什么得不到人们的认可?

20年前,作为南翔镇地标景点的上海环球乐园曾给当地的孩子们带来深刻的印象。20年后,当年的孩子们也长大成人,步入社会,组建家庭,有的还成为如今上海大学附属嘉定留云中学的教师、职工和学生的家人或长辈。

为了更进一步探寻上海环球乐园关停的原因,学生们以小组为单位,在教师的帮助下制作了调查与采访问卷(表1-7-2),分别采访学校中的老一辈教职员工以及本地户籍学生的父母或长辈。

表1-7-2 "留云湖的'前世':上海环球乐园"调查与采访问卷

受访者:_____(年龄:_____) 记录者:_____ 所属小组:_____				
整体满意度(√:满意 -:一般 ×:不满意 ?:不确定)	√	-	×	?
收费标准(如:入场票价、游乐设施票价、表演票价、食物价格等)				
园内环境(如:绿化布置、垃圾桶、告示牌、指路牌等)				
园外环境(如:垃圾处理、污水排放、噪声扰民和光污染等)				
服务质量(如:员工人数、服务态度、儿童亲和力等)				
娱乐设施(如:种类数量、有趣程度、排队时间等)				

七、如何提升留云湖周边居民的社群认同感？

（续表）

在您印象中，乐园里的哪一个设施（或表演）是您游玩次数最多、时间最长或留下最佳印象的？为什么？	回答
您是否在环球乐园里有过不愉快的经历？如果有，这个问题后来是如何解决的？如果没有，那您是否看见其他游客有过烦恼（如迷路、物品遗失等）？	
倘若环球乐园今天还在，一切都还是您记忆中的模样，如今的您是否还愿再次光顾？您是否愿意将它推荐给自己的孩子或年轻一代？	
（自定义问题）	

在收集到足够多的信息后，学生们得到了初步结论：

上海环球乐园仅运营了四年便宣布关停的原因主要有以下三点：第一，上海环球乐园开业之初的确兴建了上百个景点，第一年吸引了大量游客，然而当新鲜劲一过，客流量便骤降，后续的运营活动也不能让老游客满意；第二，在长期运营中，或许是园方疏于管理维护，娱乐设施逐渐老化，存在安全隐患；第三，20世纪90年代末期正值中国互联网的高速发展期，有一定经济条件、能够负担得起游乐园费用的家庭也大多选择了更为新潮的计算机和电子游戏，当年的孩子们热衷于追逐潮流，对传统的游园项目不屑一顾。

子问题3：在上海环球乐园基础上建成的留云湖公园已成为南翔镇的新地标。留云湖公园能不能得到东社区居民的认可呢？

2011年，为配合大型居住社区建设，南翔镇在上海环球乐园的旧址建设了一座大型城市湿地公园——留云湖公园。公园内夏花灿烂、白鹭飞翔，风景独好，是喧嚣都市中一块宁静宜人的绿地，引来游客无数。

为了深入了解今日的留云湖公园，在教师与热心的家长志愿者的带领下，学生们利用一个上午的时间逛遍了留云湖畔。每个小组的组长都是对留云湖较为熟悉的学生，他们作为导游，制定观赏留云湖美景的路线，并向组内不太熟悉附近环境的同学介绍此处的美景。

在碰到社会游客或其他小组时，每个小组都要开展一次即兴采访，记录下游客们此时此刻对于留云湖的真情实感（表1-7-3）。

表1-7-3 "留云湖的'今生':留云湖公园"采访问卷

受访者身份:□东社区居民　□非周边居民　记录者:_____　所属小组:_____	
采 访 问 题	回 答 记 录
您大概多久来一次留云湖公园?	
您最喜欢公园里的哪一处景点?	
您有多大的可能向非本地的亲朋好友推荐此地?	
您对公园内的绿化环境是否满意?	
您对公园内的娱乐、健身环境是否满意?	
您认为公园内存在哪些值得改进的地方?	
(自定义问题)	

在收集到足够多的信息后,学生们得到了初步结论:

当前,南翔镇东社区周边居民对于留云湖公园较为满意,主要集中在清爽的空气、清澈的水质、茂盛的绿植等自然环境中,但仍然有部分居民认为公园内需要更多可供健身的器材。同时,慕名而来的游客表示,希望公园能设置更多垃圾桶以及可供游人歇息的观景点,如亭台楼阁。

子问题4:从游乐园到城市湿地公园,留云湖周边一带发生了翻天覆地的变化。伴随着科技的不断进步与居民生活水平的不断提高,在下一个20年,你们认为留云湖还会有怎样的发展呢?不拘泥于现实的前提下,从东社区居民的学习、办公、娱乐等生活角度考虑,你希望留云湖变成什么模样呢?

在实地考察后,学生们对于留云湖公园大多赞不绝口,不过有个别学生希望东社区能够增添更多的公共服务建筑,如综合性商场、露天集市、博物馆、美术馆、歌剧院等。在教师的鼓励下,学生们尝试用手中的画笔描绘自己心中留云湖公园未来的模样。

2. 出项

在本次活动项目中,学生们通过搜寻实物、查找文献、采访长辈、整理口述史料、绘制设计图等多种实践方式,探寻东社区居民对于昔日的上海环球乐园、今日的留云湖公园的印象,加强身为"留云大家庭"一分子的社群认同感(图1-7-1)。

七、如何提升留云湖周边居民的社群认同感?

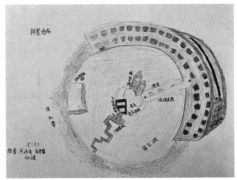

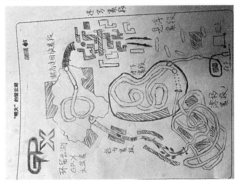

图1-7-1 学生们描绘的未来的留云湖公园

(四)项目评价

本项目主要采用过程性评价为评价依据。过程性实践是指学生在不使用传统评价标准的情况下,通过探索新的方法和技术来解决问题。过程性实践主要包括科学研究、艺术创作、商业创意等。在本项目中,我们采用创造性实践进行过程性评价,旨在鼓励学生探索新的方法和技术来解决问题(表1-7-4)。

表1-7-4 过程性评价表

班级: 姓名: 学号: 活动小组:		
评价内容	评价(A、B、C、D)	
	自我评价	教师评价
1.能够在采访活动中掌握并运用口述史研究的一般方法		
2.能够积极主动地开展采访并详细整理采访记录		

（续　表）

评　价　内　容	评价（A、B、C、D）	
	自我评价	教师评价
3.能够在问题解答与艺术创作中贴合主题，发扬个性		
4.能够在思考交流活动中自然流畅地表达自己的思想		
5.能够做到小组团结合作，互帮互助		
评价标准：依据现场表现，评价结果分为A、B、C、D四种 A：资料丰富，表达完整，逻辑清晰，积极参与，成果突出 B：资料充足，表达完整，逻辑比较清晰，积极参与，成果较为突出 C：资料完整，表达流畅，有学习成果 D：资料不足，表达不完整，思路不清晰，无学习成果		

第二部分

学科项目

一、What will happen if you cut down all of a city's trees?

课程类型	英语
年　　级	六年级
课 时 数	6课时
所属学校	上海大学附属嘉定留云中学
设 计 者	陈瑜婷
实 施 者	陈瑜婷

  Unit 10 Forests and land是六年级第二学期第三模块The natural world的第三课。在这一模块中，我们学习了有风的天气、海洋与雨水和森林与陆地等相关的知识，通过了解各种自然环境及其处境，明白了环境保护的重要性。我们六年级英语组一起做了一个Connect to nature项目化学习学科项目。本项目是其下的第三个子项目。

  大到森林，小到我们居住的小区，随处可见的树木，不仅给我们人类提供了许多有用的食物和材料，也给动物提供了住所，同时也能美化我们的城市，减少各种污染。但由于人类的无尽砍伐，树木正面临着巨大的危险。所以，我们决定以学生身边的实际问题出发，以项目化学习为载体，开展"What will happen if you cut down all of a city's trees?"学科项目。

（一）为什么做这个项目

树木在我们身边随处可见，在一早出门上学的路边、每日学习的校园，或是和父母、同学出游的公园，学生们都能接触到树木。在六至九年级的英语课本中，我们都会学习到与树木有关的课程。

这个项目从课程内容出发，向学生提出了具有挑战性的问题，将学习的内容与现实世界关联起来。在这个活动项目中，学生需要自己考察居住小区的树木，在观察中思考，在实践中体验，在与同学的交流中联系课本知识和以往经验，提出各种真实的问题。比如，树木的作用是什么？为什么树木这么重要？树木正面临着哪些问题？再与小组成员通过提问、思考、质疑、分析寻找他们想要的答案。最后再通过公开展示，将成果分享给同班同学以及课堂外的观众。当学生知道他们的努力将对现实世界产生影响时，他们会更有动力去创作高质量的作品。

（二）项目设计

1. 项目目标

（1）英语学科素养：

一是语言能力：了解树木的作用、重要性、现状、面临的问题等方面的知识。用英语与小组成员交流、记录、创作作品。

二是思维品质：通过提问、分析、推理、判断、理性表达、用英语进行多元思维等活动，形成保护树木的意识。

（2）学习素养：

一是乐学善学。通过项目化学习的方式，为学生创设良好的学习环境，激发学生学习的动力，使学生掌握适合自身的项目化学习方法。

二是勤于反思。学生不断地在学习中进行反思，培养进行审视的意识和习惯，善于总结经验，才能更好地来调整自己的学习。

三是实践创新。学生在问题解决、适应挑战等方面所形成良好的实践能力、创新意识和行为表现，具体包括环保意识、问题解决、技术应用等基本要点。

2. 挑战性问题

（1）本质问题：

How to protect the trees?

一、What will happen if you cut down all of a city's trees?

（2）驱动性问题：

观看视频，了解视频中的城市因为树而繁华，也因为树的消失而消失，由此引出以下问题：What will happen if you cut down all of a city's trees?

（三）项目实施

1. 入项

（1）情景驱动：

学生欣赏TED视频《如果一座城市的所有树木都消失，会发生什么？》（*What happens if you cut down all of a city's trees?*）让学生直观地感受树的重要影响，触动学生保护树木的意识，激发学生提出并解决问题的兴趣（图2-1-1）。

图2-1-1　TED视频

（2）提出驱动性问题：

通过观看视频，提出驱动性问题What happens if you cut down all of a city's trees?

（3）组成活动小组：

自主组队，队内明确分工。选定组长一名，信息整理员两名，绘图员一或两名，汇报员一或两名。各小组创建钉钉群（以小组名命名）。

2. 形成实施计划

子问题1：What can we get from trees?

组成小组后，小组成员进行实地考察，可以到小区也可以到社区公园，了解树木的作用，并思考我们可以从树木那里获取什么？也可以通关查阅网络上的信息，得到子问题1的答案。

观察身边环境（可以是家里、小区里等），发现有哪些物件是用子问题1的问题答案（木头、树叶、果实等）做成的？再通过组内交流，选取最佳答案，由信息整理员整理到Worksheet 1和Worksheet 2（图2-1-2、图2-1-3）。

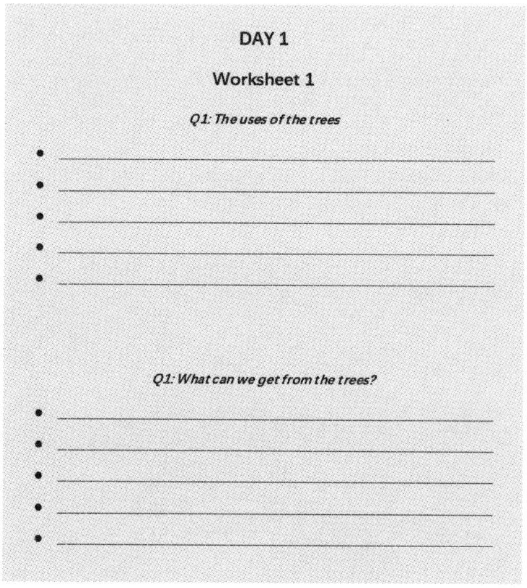

图2-1-2　Worksheet 1 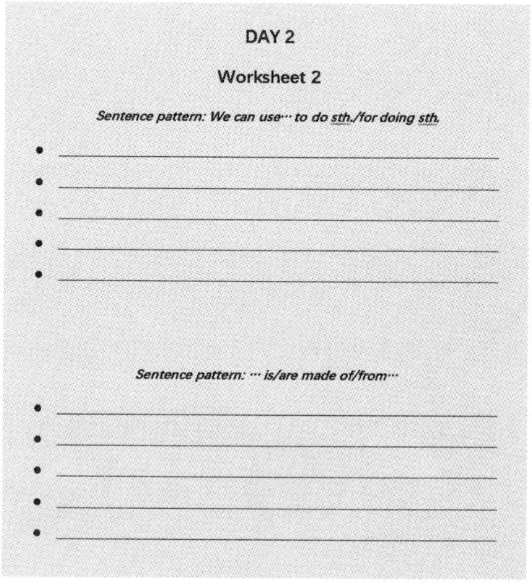　　　　图2-1-3　Worksheet 2

3. 开展探究实践

子问题2：What happens if you cut down all of a city's trees?

在各组的钉钉群内，发起群会议，探讨问题What will happen if you cut down all of a city's trees?，并由信息整理员记录下来。然后由绘图员用思维导图的形式（手绘/或软件绘制），把讨论内容制作成阶段性作品（图2-1-4至图2-1-7）。

学生根据评价量规对思维导图进行自评和互评。

4. 形成项目成果

子问题3：How to protect the trees?

在课堂上交流阶段性作品（思维导图），由汇报员发言。通过不同小组的

一、What will happen if you cut down all of a city's trees?

图2-1-4 冒牌军师小组的思维导图

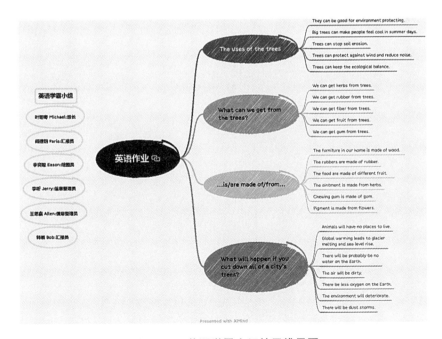

图2-1-5 英语学霸小组的思维导图

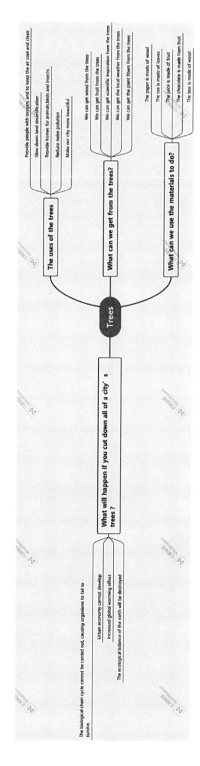

图 2-1-6 摆烂大队小组的思维导图

一、What will happen if you cut down all of a city's trees?

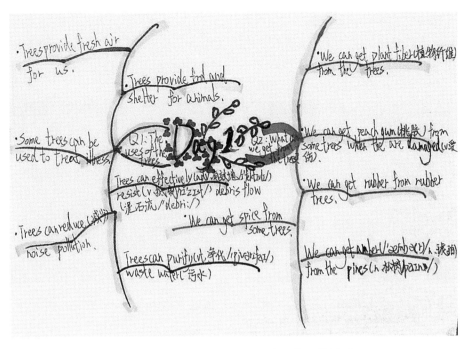

图 2-1-7　Star Range Sea3 小组的思维导图

交流、分享，加深大家对树木的了解，进而继续提出下一个问题。小组汇报后，投票选出最佳作品和最佳汇报员，以鼓励同学们的学习成果，让同学们在接下来的活动中更有动力。

结束后，思考问题 How to protect the trees? 完成 Worksheet 3（图 2-1-8、图 2-1-9）。

图 2-1-8　Worksheet 3

图 2-1-9　Star Range Sea3 小组的 Worksheet 3

接着，在小组内开设第二次钉钉会议，交流如何保护树木，选出最佳的六条，由信息整理员记录下来，然后由绘图员用Poster（小报）的方式（手绘小报/电子小报），把讨论结果制作成作品，上传至家校本（图2-1-10至图2-1-13）。

图2-1-10　Dream of Star小组的Poster

图2-1-11　Star Range Sea3小组的Poster

图2-1-12　摆烂大队小组的Poster

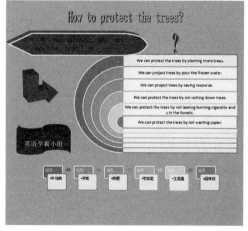

图2-1-13　英语学霸小组的Poster

5. 出项

在课堂上展示最终成果——主题为How to protect trees的小报，并由汇报员发言介绍。通过小组间交流，让同学们进行思维碰撞，知道更多保护树木的方法，也能升华他们对环境保护的意识。结束汇报后，投票选出最佳作品和最佳汇报员。学生根据评价量规先对思维导图进行自评和互评，再由组长为组内

一、What will happen if you cut down all of a city's trees?

成员这些天的努力成果打分（表2-1-1）。

小组评价有助于学生对他们的团队负责，既能避免有的小组成员"搭便车"，又能鼓励学生对他们小组成员共同工作的情况进行反思。

表2-1-1　×××小组评价量规

组　员	组内担任职务	职务完成度，分数（1～10分）
小师同学	汇报员	10
小阎同学	汇报员	10
小王同学	信息整理员	7
小李同学	信息整理员	10
小张同学	绘图员	10

6.反思与迁移

此项目中学生基于真实情境自发地提出各种问题，以兴趣推动了项目的进程，对于"如果没有树"的好奇，引导着他们一步步地去探索，去寻找问题的真相，回顾整个活动，正是这样的内驱力使得整个项目能顺利进行下去。

学生在项目探究中，体验了不止一次的挑战，比如在疫情期间怎么能进行小组活动，怎么合作交流？如何接触到更多的树木？怎么绘制思维导图？小报要怎么制作才能更吸引人，让更多的人关注到保护树木？面对这些困境，教师不断地用问题去引导并提供学习支架，帮助学生进一步分析问题、解决问题。学生需要去了解、考察、编辑、校对、绘图等，这些体验是课堂给予不了的。通过这个项目，学生们的探究、质疑精神和合作的意识得到了提升，这样的能力迁移到学习上，能激发他们的主动性，让学习变得更有意义，也更有质量。

此项目的实施过程中，在教师的引导下，学生们采用了与以往不同的学习方法，通过考察、调研等不同的形式获取信息，梳理撰写思维导图，绘制小报。该项目课程虽然已经完成，不过项目的研究并未彻底结束。在之后的课余时间，学生们可以把小报打印出来，派发给更多的同学、老师、家长甚至是路人，把保护树木这个环保意识传递给更多的人，让学生知道自己的学习成果是具有现实意义和社会价值的。

(四) 项目评价

1. 过程性评价

对学生学习实践采用过程性评价能有效增强学生的热情,引导学生拓展相关知识,积极反思,提高自我评估能力。本项目中涉及的学习实践类型较多,但在学习实践过程中最重要的是创造性实践,因此我们选择了创造性实践进行过程性评价(表2-1-2)。

表2-1-2 思维导图评价量规

评价内容	评 估 标 准	得分 (1~5分)
主题内容	主题明确,导图所展示的内容能够论证主题,且逻辑思维清晰,重点突出,易于理解	
信息收集	能借助实地考察或网络平台等渠道,收集与"树木"有关的文本信息,资料全面翔实,且符合主题要求	
个性表达	能分析、提炼出关键信息,从美学角度形象生动地展示树木的作用与现状等相关信息	
小组合作	小组分工明确,能相互合作、取长补短,按时完成分配的任务	

2. 结果性评价

本项目的最终成果采用的是公开报告,公开报告包含三个部分成果展示:小报作品、作品介绍、优秀作品及优秀汇报员评选。项目学习成果评价量规中的维度有效地反馈了项目成果所包含的核心知识与能力、高阶认知策略及学习实践的效果(表2-1-3)。

表2-1-3 项目化学习成果评价量规

评价内容	评 估 标 准	得分 (1~5分)
小报标题	标题设计富有吸引力	

一、What will happen if you cut down all of a city's trees?

（续 表）

评价内容	评 估 标 准	得分 （1～5分）
小报内容	小报内容能够围绕主题，语言精简，字体优美	
小报配图	能呼应主题，原创新颖	
小报介绍	能熟练地用英语介绍小报内容，会适当与观众互动	
小组合作	小组分工明确，能相互合作、取长补短，按时完成分配的任务	
成果中存在的问题		
可以改进的具体建议		

（五）关键问题探讨

确保PBL既可以是学习的"主菜"，也可以是"甜点"。

刚开始，我们经常做一些很"酷"的项目，因为学生喜欢这些项目。但有时我们会想，我们到底在教什么？什么概念和技能是学生需要知道和能够做到的？这次与课本知识相结合的PBL项目活动的事实，让教师明确了应该把PBL与课标对应，才能够确保学生们这份学习经历是值得投入时间的。当我们将项目与课标紧密相连，比如这次的项目活动是与课本中自然环境的主题相关的，那么我们在其他主题学习时，也可以去实施一些有意义的PBL活动。让PBL项目活动校本化，让学生能利用课本知识去拓展，去提出有意义的、具有挑战性的问题，引导学生把项目成果运用到英语学习中去。

二、如何设计一个关于情绪的情境和解决方案

课程类型	道德与法治
年　级	七年级
课 时 数	6课时
所属学校	上海大学附属嘉定留云中学
设 计 者	沈　静
实 施 者	沈　静

"做情绪情感的主人"是道德与法治学科七年级全一册第二单元的教学内容，掌握调节情绪的方法并运用于实际生活中，对学生而言，都具有指导意义和帮助作用。本项目尝试运用项目化学习理念，探究设计情绪的情境和解决方案。通过整合资源，借助网络支持，采用自主学习和小组合作等措施，在课程实施中形成关于情绪的情境和解决方案的设计。

二、如何设计一个关于情绪的情境和解决方案

（一）为什么做这个项目

2022年12月，学校教学由线下转为线上。而伴随学习进程的进行，一个学期即将迎来尾声，学生们也将开启寒假生活。上海大学附属嘉定留云中学历来有在学期结束的前后开展学科项目化学习活动的传统。本人曾结合时政新闻热点，开展过多次项目化学习活动，例如"当电影遇上道法""当冬奥会遇上道法""如何为留云湖附近居民设计一张防疫温馨提醒卡？""如何向同学们宣传孝亲敬长？"等，以上这些都为项目化学习的开展为后续学科项目化学习活动积累了一定的经验。

同时，本学期所学的第二单元的道法知识内容，正好是关于如何调节情绪的。本人所教的七年级学生已经进行了一个多月的网课，因为无法与老师、同学进行面对面的沟通与交流，一部分同学感受到了独自学习带来的精神压力，再加上身体上的不舒适，有部分同学产生了一些情绪问题，如感到紧张、担忧、沮丧等。所以结合学生们的实际情况，运用我们所学的学科知识，开展旨在解决他们情绪问题的项目化学习活动是非常有必要。该项目化学习既可以帮助学生们用心观察自己、结合学科内容来调整自己的情绪，也可以帮助学生们熟悉学科知识、培养学科素养，同时又能很好地解决他们的实际问题。

基于以上思考，本人尝试采用项目化学习的方式探索解决某些情绪问题的解决方案。

（二）项目设计

1. 项目目标

（1）综合能力目标：根据《义务教育道德与法治课程标准》第九章内容，学生要学会情绪调控，能够正确看待生活中的挫折，掌握处理负面情绪和减压的方法，能够清楚表达自己的感受和见解。教学应丰富学生实践体验，促进知行合一。

（2）高阶知识：

一是问题解决。通过积极观察能发现问题，同时善于思考，通过积极实践去解决问题。

二是决策。能够通过观察自己和他人的情绪感受，判断、选取自己想要解决的情绪问题，并筛选出合适的调节方法付诸实践。

三是产出。通过各种形式，如思维导图、漫画、海报、虚拟人物对话等设计相应的情境并解决情境中需调节的情绪问题。

（3）学习素养：

一是探索精神。鼓励学生用科学的思维方式发现问题、解决问题，在不同情绪判断与选择中，综合运用观察、信息收集、资料整合、文字/语言表达等综合性能力了解情绪带来的负面影响以及调节情绪的必要性和有效性。

二是自主学习。运用项目化学习的方式，为学生提供学习资源与结构脚手架，引导学生结合自己实际情况自主选择和学习不同的学习资源，掌握适合自己的项目化学习方法。

三是信息技术。紧跟信息化发展趋势，能通过借助思维导图、海报、漫画、虚拟人物对话等多种数字化形式设计相应的情境并解决情境中需调节的情绪问题，增强信息运用能力。

四是创新意识。学生需要创设自己亲身经历的、自己观察到的、与人交流获得的或自己想象出来的情绪问题的情境，创造性地构思解决方案，并通过各种方式呈现出来，这个过程能激发学生的创造活力和创新意识。

2. 挑战性问题

（1）本质问题：如何运用情绪的相关知识去发现和解决问题？

（2）驱动性问题：生活中，如果可以正确对待情绪，学会接纳和调适，我们就可以更好地成长。但如果细心观察，我们会发现自己和家人、朋友都可能因为某些原因出现一些情绪问题，从而受到困扰。为了调节好情绪，成为情绪的主人，我们如何设计一个关于情绪的情境和解决方案呢？

（三）项目实施

1. 入项

在实施项目之前，因为疫情防控的特殊情况，学生可以在线与小伙伴组成小队，也可以与家人组成一个小队，根据自己的特点和擅长分配工作，通过教师提供的学习资源，去了解如何创设关于情绪的情境并解决相关的情绪问题。

接下来在教师的带领下，一起复习回顾了课本上的知识内容：我们如何来调节碰到的情绪问题，并通过自己的理解，延展获得调节情绪的更多方法。然后学生们梳理出自己需要解决的情绪问题，创造相关的情绪情境。之后运用所学的方法去，用行动来调节情绪。通过这样的实践过程，大家可以验证这些

二、如何设计一个关于情绪的情境和解决方案

方法能不能起到理想的效果。所以，本次项目化学习的驱动性问题为：如何设计一个关于情绪的情境和解决方案？

2. 形成实施计划

完成自主学习后，小组成员可以通过自我思考、与小伙伴或家人探讨"哪些是急需解决的情绪问题"，确定具体的情境，并通过自己的方式去描述情境。

同时，小组成员可以根据教师提供的调整情绪的几种方法：如改变认知评价、转移注意力、合理宣泄和放松训练等，结合自己或家人、朋友遇到的情绪状况，梳理出该情绪的特点，讨论、评估采用某种办法的可行性，形成可操作的实施计划（图2-2-1）。

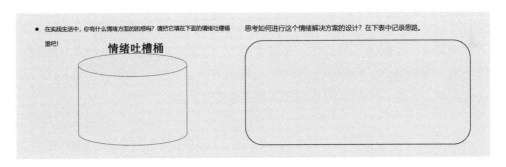

图2-2-1　项目实施准备清单

（1）教师列举某种情绪及解决方案：

情境：莫名其妙情绪低落该怎么办？

解决方案：用AI对话的形式，提供本情境和去户外走走放松心情的解决方案。

（2）学生们思考并讨论自己的情绪情境和拟操作的解决方案：

- 考试前的焦虑
- 考试后成绩不理想而郁闷
- 和父母发生了冲突，心里难受
- 和好朋友发生争吵而心情低落
- 养的宠物生病了，为它担心
  ……

3. 开展探究实践

子问题1：目前你最想解决的情绪问题是什么？

学生们回顾课本知识、查阅网络资料，结合自身或身边家人、朋友的实际

情况梳理出目前最想要解决的情绪问题。

由于受到新冠肺炎疫情的影响,学生们的身心都受到一些冲击,问题也偏向于对自己身体状况的担忧,同时,也有对自己学业的担忧,以及因为没法及时和朋友沟通而产生的一些消极心理。

因此,这个过程中教师要及时引导、鼓励学生们去结合课本、生活思考自己或身边人的情绪,从而梳理出最想解决的一个情绪方面的问题。而学生提出的情境也是各式各样的,既有关于学业、家人等的,也有关于兴趣爱好、宠物等的。

子问题2:选择一种或多种调节方法去调节上述情绪问题,结果如何?

学生们需要了解基本的情绪表现方式及掌握一些基础的方法,通过实践,设计出自己比较想推荐的调节方法,这是建立在实践的基础之上的,所推荐的方法也是有一定的参考价值的。在这个过程中,有的学生从源头出发,整理思维导图来理清思路,有的学生罗列出最常用的调节方法,大家对调节方法发挥的作用都有了进一步的认知和理解(图2-2-2)。

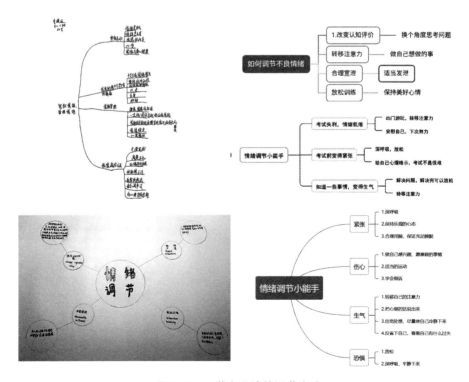

图2-2-2 学生设计的调节方法

子问题3：你打算用什么方式来呈现你所碰到的情绪问题以及提供的解决方案？

学生们参与过许多学科的项目化学习，对于展示成果的方式、手段已有所了解。

在课上的反馈与讨论环节，大家纷纷倡议用思维导图、海报、漫画等多种形式去设计情绪问题以及提供解决方案。

有学生提议，可以根据自己的擅长或爱好来实施。比如，有些学生喜欢绘画，可以通过漫画的方式来实施；有的学生逻辑思维比较厉害，可以设计思维导图；有的学生创作、排版比较在行，可以设计美观的小报；有的学生信息技术了得，可以通过制作PPT来展示成果。同时，教师尝试把数字化教学转型和道法学科紧密结合，鼓励学生运用多种数字手段来展现成果，比如数字故事、AI虚拟对话等，以此来获得更好的效果，同时提升学生的核心素养以及发现问题、解决问题的能力。

4. 形成项目成果

学生们通过课程学习、收集资料、思考、讨论等多种环节，最后以思维导图、漫画、小报、视频等多种形式将自己想要展现的情绪情境和调节方法表达出来。

5. 出项

通过可视化呈现，教师在复课后对参与学生的项目化成果做了展示，有本班级的展示，也有其他班级的展示，并邀请学生点评和评选出优秀作品。这个过程，大家可以在互相观摩与交流中，了解不同的情绪情境和调节方法；同时也通过对这些优秀成果的学习与评价，加强了对驱动性问题与问题解决方式的把握，为以后参加相关或其他项目化学习奠定基础。

6. 反思与迁移

本次活动以"如何设计一个关于情绪的情境和解决方案"为议题开展了道法学科领域的PBL项目初探，学生们通过自主学习、师生讨论的形式完成了联系生活、迁移知识、设计情境、开展实践、运用手段、上台呈现项目成果、自我反思等一系列循序渐进的实践活动，不但更深刻地掌握了教学内容，同时也充分运用于实践，解决了自己或家人、朋友的实际问题，而且还采用各种手段，形成了可喜的成果，积累了经验，在与他人的沟通、评价中得到了建议和反思，有效促进了学生学科素养的提升。

（四）项目评价

1. 过程性评价

过程性评价是对学生参与过程的观察和点评，良好、规范的过程评价有助于推动项目化学习的良性发展（表2-2-1）。在这个过程中，学生可以随时自省，其他学生和教师可以观测学生的表现，提出改进建议，有利于后续过程的进行。

表2-2-1 过程性评价量规

被评价学生姓名			
评 价 角 度	自我评价及事例描述	同学互评及事例描述	教师评价及事例描述
发现问题、提出问题和制定解决问题方案			
收集、筛选和加工处理信息			
与他人沟通与合作			
实事求是的态度和科学精神，克服困难的意志力			

说明：评价采用"优秀""良好""须努力"三个标准展开，同时配合相关事例文字表述，尽可能体现评价的公平性。

2. 结果性评价

本项目的最终采用思维导图、漫画、小报、视频等多种形式将自己想要展现的情绪情境和调节方法表达出来。

结果性评价量规有效地反馈了项目实施所包含的综合能力、高阶知识及学习素养的培养目标（表2-2-2）。

表2-2-2 结果性评价量规

类别	评 价 标 准		
	优 秀	一 般	须 努 力
情绪情境	研究内容紧扣情绪和方案主题	研究内容与情绪和方案主题关联一般	研究内容与本项目主题无关

二、如何设计一个关于情绪的情境和解决方案

（续表）

类别	评价标准		
	优秀	一般	须努力
情绪情境	情绪情境真实	情绪情境不够真实，产生疑惑	情绪情境不切实际
解决方案	解决方案具备可操作性	解决方案不易操作	解决方案不具备可操作性
	解决方案比较完整	解决方案不完整	没有提供解决方案
	解决方案能联系学科观点	解决方案较少联系学科观点	解决方案完全脱离学科观点
	解决方案制作精美	解决方案制作一般	解决方案制作粗糙
成果介绍	熟练运用信息技术介绍和展示项目成果，信息技术运用恰当	运用信息技术介绍和展示项目成果不够熟练	无法运用信息技术介绍和展示项目成果
	成果介绍内容完整、思路清晰	成果介绍比较完整	成果介绍内容较空洞
	成果介绍语言清晰、声音洪亮	成果介绍声音偏小	成果介绍无法让人听清楚
	成果介绍突出重点和创新处	成果介绍无法明显体现重点和创新处	成果介绍无法找出重点和创新处

（五）关键问题探讨

1. 学以致用，指导思考自身

知识如果不能被加以实践和运用，就只是教科书上的文字而已，无法发挥出更多的作用。而在这次项目化学习活动中，学生们能结合当下的心理状态，观察自己和身边人的各式各样的情绪问题，结合课本所学很好地加以实践并创作，可以更深刻地理解知识，同时也能有效增强自己发现问题和解决问题的能力。

2. 大胆创新，激发创造潜能

教师提供一些参考案例，能起到抛砖引玉的作用。而学生们可以根据自己的兴趣爱好及特长，经过实践，采用比较擅长的方式来展现调节情绪的问题

及解决方案,从中可以看到他们的无限创意。这些行动可以激发他们的创造潜能,为作品成果的产生发挥了极大作用。

3. 积极展示,提升更多素养

从不敢上台到落落大方地向同学们展示项目成果,站在舞台上的学生们光芒四射,很好地发挥了主观能动性,也很好地让自己成为一个更加自信的人。

本次活动,让我们看到了学生们勇于激发自己的创造潜能和别具一格的美好作品,也看到了他们的执着和坚持。让我们在未来的项目化学习生涯中,继续体验思考和创造的乐趣吧!

三、如何为全家人设计一套寒假锻炼计划

课程类型	体育
年　　级	八年级
课 时 数	20课时
所属学校	上海大学附属嘉定留云中学
设 计 者	严海翔
实 施 者	严海翔

本项目依据《义务教育体育与健康课程标准》，根据体育学习实践性和健康教育实用性的特点，强调从"以知识与技能为本"向"以学生发展为本"转变。创设丰富多彩、生动有趣的健身情境，倡导将课内教师的讲解与学生课外的自主学习、合作学习、探究学习有机结合，将集体探究性学习、小组讨论学习与个人自主学习有机结合，注重将健康教育教学理论讲授、交流互动与实践应用相结合，激发学生对体育项目的参与热情，帮助学生理解和掌握知识与技能，提高解决体育与健康实际问题的综合能力。

（一）为什么做这个项目

每逢春节假期结束，都会有不少学生身材圆润、体能回落，回到学校后需要不少时间进行恢复锻炼，如何设计出既科学合理，能满足学生们的锻炼需求和运动爱好，同时又能坚持完成的锻炼计划，是现实寒假生活中需要解决的问题。

此次项目化学习的目标是设计一套可行性高的全家锻炼计划，背后的深意是希望通过学生对家庭成员的了解与关心，增进家庭成员间的情感交流，达成学习的"真实感"和"意义感"，学会关爱他人，在项目的推进中，获得良好的情感体验。

（二）项目设计

1. 项目目标

（1）体育学科素养：

通过查阅资料，运用相关生理运动知识、卫生常识、医疗知识等，初步完成运动计划表单的设计。

一是运动能力。通过项目设计，提高基本运动技能、体能、专项运动技能的掌握与运用。

二是健康行为。增进身心健康和积极适应外部环境的综合表现，包括体育锻炼意识与习惯、健康知识与技能的掌握与运用、情绪调控、环境适应四个维度。在较长时间的居家生活以及"阳康"后恢复的过程中，规划出适宜的锻炼安排，树立安全意识，保持良好心态，适应自然与社会环境。

三是体育品德。在促进项目推进与完成中体现积极进取、不怕困难、坚持到底的精神，有责任意识与担当，促进锻炼计划的优化与完成。在锻炼计划实施过程中，随时了解家庭成员的感受，及时调整计划并记录，促进家庭和谐。

（2）学习素养：

一是探究性实践。学生通过对话、问卷等形式，了解全家人的身体情况与锻炼需求并做好记录与分析，设计运动计划表单。

二是创造性实践。项目团队从不同设计角度与需求出发，分组探究并改进锻炼计划，能对设计的方案进行优劣分析，用不同表述方式（表单、电脑绘图、思维导图、手绘小报、二次元漫画等）展示方案计划，展现少年们天马行空的创造力与独特的思维火花。

三是社会性实践。项目团队设计安排定期讨论，学会倾听与变通，提高与他人沟通的能力，能欣赏悦纳他人的思维观点并大胆表述自己的设想，各展所长，在实践过程中不断优化方案，提高解决实际问题的综合能力。

2. 驱动性问题

（1）全家人的身体机能、运动技能等具体情况如何？有哪些特殊需求？

（2）寒假期间的体育锻炼设计可以帮助家人们达到什么效果？

（3）制订好全家人的锻炼计划后，如何有效实施？

（4）可以通过什么方法手段激励家人们坚持完成锻炼计划？

（三）项目实施

1. 入项

驱动问题：全家人的身体机能、运动技能等具体情况如何？有哪些特殊需求？

活动项目成立后，学生自行分成5～8人不等的小组，根据与家人们的沟通情况，共同设计每组专属的"2023春节假期锻炼计划表"（表2-3-1）。

表2-3-1　2023春节假期锻炼计划表

家庭成员	年龄	身体状况（身高体重、基础疾病、饮食禁忌等）	锻炼需求（项目、强度、作息、饮食调节等）	锻炼计划（时间、强度、项目、地点等）	注意事项
本人					
祖辈					
父辈					
兄弟姐妹等					

入项过程中，学生需要了解每位家庭成员的身体情况、锻炼喜好，记录下不同身体情况对于运动强度、运动负荷、运动场地、时间等特殊要求，学会有

效梳理所得信息并总结归纳,为下一步计划的展开做好准备。

2. 形成实施计划

(1)任务一:完善表单项目设计。

• 学习活动:查阅资料,小组讨论,解决不同人群对锻炼的需求。经查阅可知,不同年龄与性别所需的运动强度和密度有较大区别,如:老人适当增加有氧活动,中青年搭配无氧运动保持肌肉强度,青少年增加跳跃练习辅助增高等。

经过第一轮小组讨论与展示后,学生们根据表2-3-1的内容,进一步优化了初步设计的表单,有的小组增加"注意事项"一栏,关注运动安全;有的小组添加"饮食结构调整建议",关注膳食营养搭配。还有专门为妈妈、弟弟妹妹、祖辈设计的专属计划等。

除了表单形式的计划,还有思维导图形式,也有学生展示出电脑绘图等技能,尽力从多方面优化设计初稿(图2-3-1)。

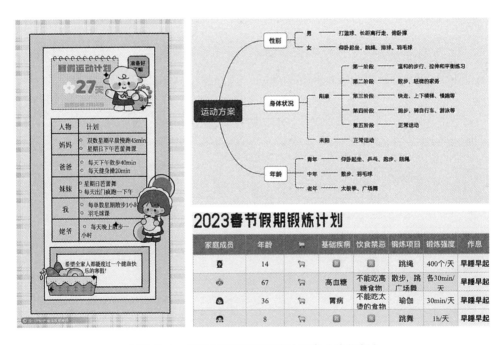

图2-3-1　2023春节假期锻炼计划表(优化版)

(2)任务二:结合家人需求确定适宜锻炼强度,制定全家健身目标与记录表单。

• 学习活动:根据全家人健身偏好,确立锻炼目标,如:增强心肺功能、增肌、减脂等。结合小组讨论，设计出操作简便的锻炼记录表。

本次项目需要设计出可行性高的锻炼计划，需要综合考量多种因素，包括天气、环境、时间等，在假期开始前形成锻炼记录表，并且需要大家在实施锻炼计划的过程中如实记录、及时调整，推进锻炼计划的有效实施（图2-3-2）。

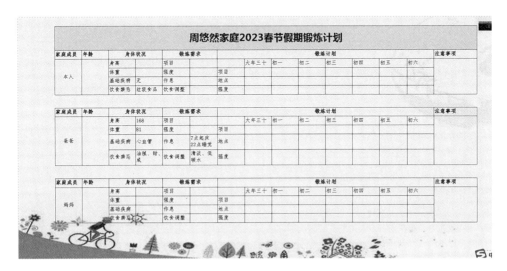

图2-3-2　2023春节假期锻炼记录单（1）

（3）任务三：确定训练计划并进行初步尝试。

· 活动时间：课余时间。

· 学习活动：与家人们共同完成每日训练计划，收集家人们的运动反馈，及时优化调整训练内容（训练时长、运动强度、运动项目、运动时间、运动地点等）。

（4）任务四：结合运动习惯培养时间特点，制定运动激励手段，鼓励家人完成运动任务。

· 活动时间：课余时间。

· 学习活动：根据全家运动习惯与时间安排，鼓励家人们坚持完成锻炼并优化锻炼计划，记录阶段性成效。

3. 形成项目成果（图2-3-3至图2-3-6）

4. 出项

假期结束，学生们在线上分组进行展示与分享，依据汇报评价指标进行自评与互评。学生们用小组合作模式分享了在项目进行中的收获、疑问，还提出很多改进的方法（表2-3-2）。

2023春节假期锻炼（部分）记录

成员	日期（锻炼时间）	锻炼计划			备注（禁忌）
		锻炼内容	锻炼强度	锻炼效果	
我(15)	1.16（傍晚）	跳绳	共10组、每组200个、间隔1分钟	精力充沛	无基础疾病及饮食禁忌
	1.24（中午'下午）	攀岩、游泳	（极限运动）2小时 游泳见下		
妹妹(8)	1.24（下午）	游泳	25m往返游1小时	长高了	
	2.11（下午）	马术	大围骑马2小时		
父亲(38)	1.19（清晨）	慢跑	运动1小时	心情放松	
	1.25（晚上）	骑自行车	（山路越野）		
母亲(36)	1.16（清晨）	健美操	跳操每组8个动作，一次3组	改善睡眠	
	2.08（傍晚）	羽毛球	运动1小时		

图2-3-3　2023春节假期锻炼记录单（2）

2023年春节假期锻炼记录

日期	家庭成员	锻炼项目	锻炼器材	锻炼时长	疲劳感受（满分5分）	备注
1.17~1.24	本人	仰卧起坐	跳绳 绳子，垫子	每天30分钟	3	
	爸爸	散步		每天1小时	2	
	妈妈	散步		每天1小时	2	
	妹妹	仰卧起坐	跳绳 绳子，垫子	每天30分钟	4	
1.25~2.1	本人	排球 滑冰	排球，冰刀	每天30分钟	3.5	滑冰1次，90分钟
	爸爸	滑冰	冰刀	一次90分钟	3	
	妈妈	跑步		每天30分钟	4	
	妹妹	轮滑 滑冰	溜冰鞋，冰刀	每天1小时	3.5	滑冰1次，90分钟
2.1~2.8	本人	跑步	跳绳 绳子	每天30分钟	3	
	爸爸	打篮球	踢足球 篮球，足球	一周3小时	4	一次1.5小时
	妈妈	爬山		一次3小时	4	
	妹妹	拍皮球	跳绳 皮球，绳子	每天30分钟	3.5	
2.9~2.10	本人	爬山	仰卧起坐 垫子	每天15分钟	3.5	爬山一次3小时
	爸爸	爬山	羽毛球 羽毛球，球拍	一次1.5小时	4.5	爬山一次3小时
	妈妈	羽毛球	走路 羽毛球，球拍	每天1小时	4	羽毛球一次1.5小时
	妹妹	爬山	仰卧起坐 垫子	每天15分钟	3.5	爬山1次3小时

图2-3-4　2023春节假期锻炼记录单（3）

三、如何为全家人设计一套寒假锻炼计划

2023年春节假期锻炼记录

日期	家庭成员	锻炼项目	锻炼器材	锻炼时长	锻炼感受	备注
1.17~1.24	本人	慢跑	跳绳	绳子	每天20分钟	略感疲惫	无
	爸爸	慢跑	/	跑步机	每天30分钟	略感疲惫	无
	妈妈	慢跑	/	跑步机	每天20分钟	略感疲惫	无
	弟弟	踢球	打篮球	足球篮球	每天1小时	满头大汗	无
1.25~2.1	本人	慢跑	排球垫球	排球	每天1小时	有点累	1.21和1.27号暂停(过年)，其他照常
	爸爸	慢跑	/	跑步机	每天30分钟	略感疲惫	1.21和1.27号暂停(过年)，其他照常
	妈妈	跳绳	慢跑	跑步机绳子	每天30分钟	有点累了	1.21和1.27号暂停(过年)，其他照常
	弟弟	踢球	跳绳	足球绳子	每天一小时	满头大汗	1.21和1.27号暂停(过年)，其他照常
2.1~2.8	本人	慢跑+中速跑	/		每天40分钟	气喘吁吁	(1.30到2.5生理期暂停)
	爸爸	慢跑	踢球	足球	每天30分钟	毫无压力	
	妈妈	慢跑	跳绳	绳子	每天30分钟	略感疲惫	
	弟弟	踢球	/	足球	每天40分钟	气喘吁吁	

图2-3-5　2023春节假期锻炼记录单（4）

2023春节假期锻炼记录

家庭成员	日期	作息安排	饮食结构	锻炼内容	锻炼效果	锻炼时长	体重（寒假前）	体重（寒假后）	调整策略	备注
我	2.9	五分化	同图3	无氧及有氧	优	每日一小时	65kg	63kg		
妈妈	2.9	三分化	同图3	有氧	优	每日半小时	65kg	63kg		
外公	2.9	每日	同图3	买菜	优	每日两小时	68kg	65kg		
外婆	2.9	每日	同图3	做家务	优	每日两小时	64kg	63kg		

图2-3-6　2023春节假期锻炼记录单（5）

表2-3-2　小组出项汇报评价表

姓名	汇报准备			汇报情况				问题反思		评价等级统计			
	积极配合团结互助	认真听同学的意见和观点	善于搜集整理资料	认真倾听理解真正内涵	提出问题表达自己想法	内容新颖与众不同	记录有序内容有借鉴价值	善于感悟积累体验深刻	问题有针对性值得同伴借鉴	A	B	C	D

5. 反思与迁移

本案例在设计时明晰了主干学科与关联学科的融合，通过统领性的任务架构整个跨学科主题，涵盖各学科的知识并嵌入学习任务中，希望学生们在真实的情境中解决问题；在项目实施的过程中，对于运动理论的学习与实际运用需要教师和家长进一步的引导，有些小组缺乏灵活性，需要在进一步实践中进行调整与优化。线上线下相结合的探讨展示模式，是学习形态的创新，体现了跨学科主题学习带来的学习样态的变化，如何利用好线上资源，提高互动效果需要进一步实践。

本案例在实施方式上，体现出更加具有融合性的综合学习的样态，强化了从传统的知识传授到素养培育，适合学生在各项目化学习中进行运用。教师在项目设计时可以更关注学科素养和跨学科内容的整合与利用。

（四）项目评价

1. 过程性评价

对学生在团队探讨和设计的过程中设置阶段性评价，用来记录与评估学生的进步情况，为教师和学生提供及时、多元的有效反馈，促使项目更有效地推进。告诉学生不仅要关注学习的结果，更要关注自己的成长与前进过程，教师也要帮助学生进行反思和改进，充分发挥评价的反馈、导向、激励功能（表2-3-3）。

表2-3-3 小组项目设计展示评价表

锻炼计划与记录表设计	针对寒假训练要求（时间、环境、天气等）确立相关分项
	表单设计便于后期改进与实施
	灵活运用跨学科知识与技能
小组合作探究表现	善于合作，敢于表达和质疑
	有独立思考/团队合作的时间和机会
	能有效梳理信息并呈现

2. 结果性评价

通过项目化设计，重视学习评价的鼓励和反馈功能，注重构建评价内容多维、评价方法多样、评价主体多元的评价体系；评价内容围绕学科核心素养，既关注基本运动技能、体能与专项运动技能，又关注学习态度、进步情况及体育品德；既关注健康基本知识与技能，又关注健康意识和行为养成；评价方法要重视过程性评价与终结性评价结合、定性评价与定量评价结合、相对性评价与绝对性评价结合；评价主体以教师为主，鼓励学生、家长等参与到评价中（表2-3-4）。

表2-3-4 项目设计结果性评价表

评价表（每项10分）	自 评	家长评价	组员评价	教师评价
1. 锻炼目标制定是否符合家人实际锻炼需求				
2. 体育健康知识理解是否正确				
3. 锻炼内容是否切合实际、具有可操作性				
实施效果				
4. 锻炼计划实施过程中是否及时调整并改进				
5. 根据家庭情况不同，是否有针对性设计亮点				
6. 是否主动鼓励家人参与，营造良好锻炼氛围				
7. 对家人及队友的疑问是否能作出合理回答与指导				
收获与反思				
8. 获得了适用的新知识和新理念				
9. 获得了可以在体育及其他项目中可以应用的一些有效的技巧或技术				

（续 表）

评价表（每项10分）	自 评	家长评价	组员评价	教师评价
10. 能客观地审视自己的学习过程及成果，并进行总结与思考				
总　　评				

（五）关键问题探讨

本项目经过寒假前期的铺垫准备、寒假中的调整与改进以及寒假后的反馈与总结，经过一轮实践体验，学生的自主学习能力、体育素养、交流合作能力、解决问题的能力得到了显著提高，从中也反馈出很多需要进一步研究的问题。

1. 如何进一步拓展体育项目化学习中的跨学科主题样态？如何进一步明确素养目标指向？

跨学科融合是学生提高运动能力、学习健康知识和传承中华优秀传统体育的重要方式和途径。在项目化学习的过程中有效融合多门课程，能更充分发挥体育的育人功能，促进学生全面发展。本项目引导学生探究生物、科学、心理等学科知识，结合体育专项技能学练，了解人体呼吸、血液循环、免疫系统等相关知识，理解运动中蕴含的科学价值，关注健康，爱护身体，梳理自我保护的意识和掌握正确的方法。

2. 如何合理规划项目化学习中教师的支撑程序以及任务链？

教师在项目设计时要注意各个过程性任务的有机联系，创设综合运用知识与技能的情境，指导学生参与设计、组织、创新过程，加强学生在团队中的角色意识和责任意识。同时留给学生自主、合作、探究学习的空间，培养学生独立思考的能力和团队精神，帮助学生加深对所参与项目的理解，提高表达能力和综合运用知识的能力。

3. 如何使项目化学习中的评价更具有效性？如何体现从目标到学习任务搭建，再到评价的内在一致性？

关于形成性和总结性评价的差别，教育学教师罗伯特·斯泰克有一句广为流传的名言："厨师尝汤，这是形成性的；顾客尝汤，这是总结性的。"在项目进行过程中的评价设定更加关注学生的成长和发展过程，目的在于激励学生主动反思并加以改进，过程性评价设计要能有效评价学生核心素养的提升程度。总结性评价要运用多种评价方法相结合的手段，让学生能有机会尽可能多地展示在项目进行中获得的收获与成就以及分享经验反思，从学习目标、学习结果等方面尽可能客观评价学生的项目成果。

当下即未来，做好当下，积蓄发展的能量；未来即当下，敢于创新，描绘成长的模样。未来教育视域下的学习样态有N种方式，激活成长内核有无限种可能。高品质的项目化学习沿着"诊断—学习—反思—实践—突破"的路径，以学习方式的变革为钥匙，开启学生核心素养培育的大门。

四、如何设计一个新年娱乐小游戏*

课程类型	信息科技
年　　级	六年级
课 时 数	3课时
所属学校	上海大学附属嘉定留云中学
设 计 者	夏阳刘
实 施 者	夏阳刘　李　琰

　　科技改变生活，科技引领未来。图形化编程软件的学习有利于培养学生的计算思维，有助于提升学生的数理逻辑能力，本项目既是对学生编程学习成果的检验，也是激发学生创新思维和培养"编程思维"的途径，尝试运用项目化学习理念，探究生活场景与编程场景实际关联的新路径。通过整合资源，借助外部支持，采用自主学习和小组合作等措施，在课程实施中形成学科融合，实现同一主题下的跨学科学习；通过网络学习，借助模拟试玩、课后研讨、竞技舞台等形式进行自主学习；设计新年娱乐小游戏。

---

* 上海市信息科技学科的课程内容一般安排于六年级，本项目安排在六年级校本拓展型课程中实施。

四、如何设计一个新年娱乐小游戏

（一）为什么做这个项目

2022年，教育部发布了《义务教育课程标准》，信息科技课程要培养的核心素养，主要包括信息意识、计算机思维、数字化学习与创新、信息社会责任，这四个方面互相支持互相渗透，共同促进学生数字素养与技能的提升。

新课标编写体现了"新""实""活"的特点。"新"主要表现在选材新、结构新；"实"主要表现在更贴近学生实际，更强调实际运用，更突出实用效果；"活"主要表现在活用教材，教材需要整合处理和开发，教法学法要活泼，要为生活化学习提供范例。这些既拉近了信息技术与生活的关系，体现了信息技术本身的个性，而且也可以让学生感觉到信息技术与生活更贴近，使学生愿学乐学，乐于用信息科技解决学习、生活中的问题，为学生创设自主、合作、探究的学习情境和知、情、意、行融合发展的成长环境。

本项目采用项目化学习的方式，组织学生通过生活场景讨论、师生交流、项目协作、专业技能研学等丰富的内容发现问题、思考问题并解决问题，引导学生设计一款符合新年节日气氛的游戏，符合新课标中的要求。

（二）项目设计

1. 项目目标

（1）学科核心概念：计算思维、数字化学习与创新的应用。

（2）知识与能力目标：根据《义务教育信息科技课程标准》，要让学生熟练掌握信息加工软件的图标、功能、特点和界面、视图方式等。学习各类信息加工软件的常规操作技巧和特殊操作技巧。选择合适的软件对原始素材集成、编辑和加工，形成更具价值的信息，体会信息加工的意义和价值。要求学生体验计算机编程，鼓励学生从多个方面熟悉程序，编制、调试程序。

（3）高阶知识：

一是问题解决。运用计算思维去解决问题，经历发现、筛选到重新定义问题的过程。

二是建立模型。能够通过对多个问题的综合评价和考量，根据标准筛选出最值得解决的问题并建立程序模型。

三是系统分析。能够从计算思维的角度出发，运用计算机科学的基础概念进行问题求解，系统设计形式化问题及其解决方案。

四是调试运行。能够根据方案去编制程序并反复调试运行。

（4）学习素养：

一是人文情怀。体会程序编制中体现的"新年氛围"的娱乐属性及作品中的内涵，感受人文积淀。

二是审美情趣。引导学生理解和尊重中国新年文化，具有发现、感知、欣赏、评价美的意识和基本能力，具有健康的审美价值取向，具有艺术表达和创意表现的兴趣和意识，能在生活中拓展和升华美。

三是科学精神。鼓励学生用科学的思维方式认识事物，解决问题，指导学生在综合实践中运用美术、信息科技等学科知识尝试设计新年娱乐小游戏。

四是乐学善学。通过项目化学习的方式，为学生创设良好的学习环境，激发学生学习的动力源泉，使学生掌握适合自身的项目化学习方法。

五是勤于反思。学生不断地在学习中进行反思，培养进行审视的意识和习惯，善于总结经验，才能更好地调整自己的学习和项目制作。

六是责任担当。每个学生都有传承国家文化艺术的责任，培养学生对中华民族优秀传统文化的认同感和自豪感，增强民族自尊心和自信心，培育乡土情怀；引导学生体会传承、发扬传统文化，充分激发学生的责任担当。

七是实践创新。学生在问题解决、适应挑战等方面所形成的实践能力、创新意识和行为表现，具体包括劳动意识、问题解决、技术应用等。

2. 挑战性问题

（1）本质问题：如何运用计算思维去解决问题？

（2）驱动性问题：如何设计一款新年游戏？新年快到了，为了增添新年里欢乐的气氛，我们可以做一个关于"接礼物"的小游戏。那如何通过有趣的设计来完成小游戏的制作呢？

（三）项目实施

1. 入项

根据《义务教育信息科技课程标准》的要求，落实计算思维的具体分解实施步骤。

以新年为真实性背景，考虑多维度因素进行反思："理解问题—找出路径"，编程思维中"理解问题—找出路径"的思维过程，它由四个步骤组成：

（1）分解，把一个复杂的大问题拆解成可执行、好理解的细分问题。

（2）模式识别，根据经验找出相似模式，高效解决细分问题。举个例子：假如你需要画100只猫，你会怎么办？正确的方法是找出猫的"模式"，即猫的躯干、四肢、毛发等基本元素，再不断改变局部特征就可以了。现在流行的机器学习中普遍用到这种思维。

（3）抽象，聚焦最重要的信息，忽视无用细节。简单来说就是找到问题的本质，过滤掉其他无关紧要的因素。就如画猫的例子，我们了解了猫的特征，就可以根据这些抽象的特点，形成关于猫的整体设想，画出躯干和四肢，做出一个模型。

（4）算法，设计一步一步的解决路径，解决整个问题。

通过这四个步骤，一个复杂的问题先被拆解成一系列细分问题——每一个细分问题被单独检视、思考，寻找解决方案——聚焦几个重要节点，形成解决思路——设计执行步骤——解决问题。

2. 形成持续性探究

子问题1：如何增添新年娱乐氛围？

春节，是我们中国人一年中最令人期待的日子，作为传统大节，我们会花很多的时间去准备，贴对联、剪窗花、买礼品、购年货……随着时间的推移，很多人觉得每年春节都过得一样，越来越没有新意。其实春节不仅仅是仪式，春节代表的是辞旧迎新、吉祥如意、团圆平安、兴旺发达等美好祝愿，凝聚着我们中国人的生命追求和情感寄托，所以春节不需要多么的激情澎湃，只要安安静静、开开心心地和家人享受那一份平淡就很美好。

在此次课程中，需要学生合理运用课余时间进行自主性学习，为了保障研究过程的系统性和科学性，项目团队需在学习单中填写"项目推进表"部分，引导学生自主探究中国传统新年文化的路径，在小组讨论中制订计划、明确流程、选择方法，从而帮助学生达成探究中国传统新年文化的目标（图2-4-1）。

小组选择通过互联网信息检索查阅资料，了解中国传统新年文化。

3. 开展探究实践

子问题2：如何制作一个居家娱乐的新年小游戏？

为了增添新年里欢乐的气氛，我们可以做一个小游戏，经过投票和同学们的推荐，我们确定做一个"接礼物"小游戏（图2-4-2）。教师将课堂组织的重点放在引导学生学习"如何获取未知的知识与技能"以及交流"学到的方法

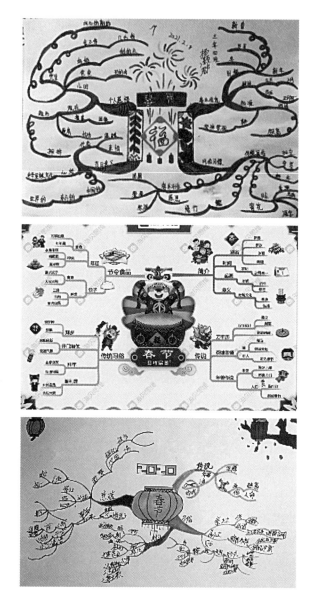

图 2-4-1　学生关于中国新年的思维导图

和概念"等共性活动上,帮助学生提升知识获取和问题解决的能力,支持开展个性化的研究和实践。例如:

(1)"接礼物"小游戏需要什么背景?需要几种角色?互动关键要素是什么?模仿已有的规则、产品或者游戏,梳理其中的目标、玩家、规则、冲突、奖励等要素。

（2）借助互联网资源，通过网络社区、百科等途径了解知识、方法并搜集素材。

（3）通过组内讨论和思维切片，解决认知冲突与尚未理清的问题。

（4）针对成果进行合理分工并制订切实可行的计划。

制作一个"接礼物"小游戏，规则如下：
（1）玩家控制一个角色，该角色只允许在舞台下方左右移动并且由键盘控制方向；
（2）舞台上方会随机降落各种"礼物"，每种礼物下落的速度不同，接到每种礼物所得分数也不相同，但接到"ghost"时会减分；
（3）游戏计时30秒，30秒内你所得分数小于20，则游戏失败，否则游戏胜利；
（4）再次点击绿旗可以重新开始游戏。

图2-4-2　游戏规则

经过一段时间的研究讨论，各个小组在行动中不断建构自己对于关键问题的理解，同时也不断完善和优化各自的程序细节（图2-4-3）。

4.形成项目成果

子问题3：如何对游戏程序进行调试升级？

本阶段在整个项目实施期间较为重要，其间也容易遭遇瓶颈期，因此耗时较久，学生分组开展实践研究并形成自己的项目成果。在网课期间，学生以小组探究的形式交流沟通各自的程序编写的情况，教师从旁协助，课后各自完成任务推进项目。由于六年级学生对于技术与

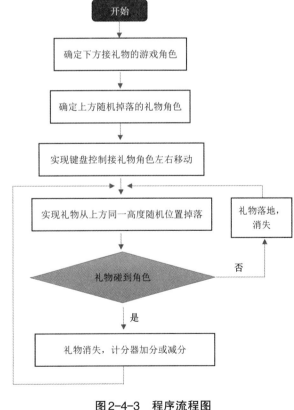

图2-4-3　程序流程图

软件工具的运用具有一定的基础，再结合美术课程以及信息科技课程的相关知识与技能，成果作品主要以Ucode、Scratch等图形化编程软件进行展示。

本项目活动中形成的学生策划案还有诸多不足之处，并不一定是能直接解决问题的作品，但是能在一定程度上解释和呈现学生对于驱动性问题及关键问题的理解与思考。由于各组研究方向的差异，最终形成的作品样态也是各不相同的，有的注重对游戏性的设计，有的注重对中国传统文化的输出，尽管它们对于学生能力和技术的需求各不相同，但是都能够有效地呈现学生对于关键问题的理解。

5. 出项

出项阶段，各个小组或个人分别展示和分享自己在这个项目中的学习成果，通过相关策划案、照片、视频等方式表达自己对驱动性问题和关键问题的理解，借助所制作的新年小游戏作品展示指向驱动性问题的解决方案。制作和分享完成后，还相互交换游戏互相找程序BUG（错误），并对其他同学或小组的游戏进行点评和改进，继续使游戏进行不同程度的升级和提高。

参与活动的学生在线提交了自己独具创意、充满想象力的作品。通过编程活动的学习，学生们的思维能力和解决问题能力都得到提高，对于"理解问题—找出路径"的思维过程也更加熟练。

无数创意无限的作品，既展示了学生们优异的创造思维和表现力，也让他们在活动中不断突破自我，实现了更高的学习目标，彰显出人工智能时代青少年敢于探索、勇于创新、不断实践的科学精神。

"编程思维"并不是编写程序的技巧，而是一种高效解决问题的思维方式。在可见的未来，"编程"或将如今天的数学、英语一样，是每个受过教育的人都必须具备的基本素质，成为未来人工智能时代的基础。

（四）项目评价

1. 过程性评价

本次活动的主要意义在于，在过程中逐步培养学生的成就感；从心理学角度来说，成就感实际上是一种积极的情绪体验，这种情绪体验能让人们觉得自己获得了认可，实现了自我价值。本次量表侧重学生体验计算思维和编程思维的过程性评价（表2-4-1）。

四、如何设计一个新年娱乐小游戏

表2-4-1　过程性评价表

评 价 项 目	评 价 内 容	得分（满分10分）
参与程度	主动参与，高效完成	
创新思维	提出看法，创新方案	
学习态度	积极讨论，独立思考	
主动学习	主动解决问题	
学习掌握	掌握基本知识技能	

2. 结果性评价

本次项目的最终评价主要以学生作品展示为主，采用学生互评的方式进行评价（表2-4-2）。

表2-4-2　结果性评价表

活动主题			日　期	
姓　名		性　别		年　级
评价主体	评价形式	评　价　内　容		评价结果
学　生	自　评	1. 你在本次编程活动中是否参加过对作品主题的选择？		
		2. 整个作品创作中你是否一直非常有兴趣地参加小组的主题活动？		
		3. 本次设计作品，你收集资料、信息的途径有哪些？		
		4. 你在编程活动中遇到的最大困难是什么？		
		5. 你对编程作品呈现的效果是否满意？		
		6. 编程活动中你感到最快乐的事是什么？		
	小组互评	1. 你们的小组成员间合作是否愉快？		
		2. 在活动开展中，你们是怎样合力解决困难的？		

（续表）

评价主体	评价形式	评价内容	评价结果
学　　生	小组互评	3. 下次编程作品创作还应该从哪些方面加以改进？	
		4. 你们认为自己在各小组中是否优秀？	
指导教师	客观评价	1. 学生能否积极地参与活动？	
		2. 学生们编程活动的兴趣是否持久？	
		3. 小组成员能否进行有效的合作与分工？	
		4. 学生获取信息的途径和方式有哪些？	
		5. 学生的编程作品是否达到了本次活动的目标？	
		6. 学生在编程作品中是否有独创的表现？	

（五）关键问题探讨

1. 基于"问题导向"的图形化编程观察量度研究

"问题导向"是将学生作为教学主体，以问题解决为核心，以培养学生获得多种能力为目的的教学模式。而以"图示"作为载体，将问题以任务的形式呈现，更有利于学生有效地管理学习过程与学习资源，主动探索学习内容，创造性地解决问题（表2-4-3）。

表2-4-3　基于"问题导向"的图形化编程观察量度表

观察重点	具体观察内容
教师提问的有效性	观察授课教师提问的类型、价值性，及能否启发学生开展相应学习
学生提问的有效性	教师在教学过程中是否给学生提出问题的机会，是否有意识地引导学生提出问题
学生解决问题的能力	教师布置的任务是否合理，学生能否通过小组合作、自主学习完成任务，学生对问题的理解能力及最终解决的效果
学生能否根据图示任务进行创新	学生是否提出了具有可操作性的设计，观察学生能否逐步解决实现自己的方案
建立流程图思维	观察学生在头脑中是否建立了流程思维，巧妙修改程序改进游戏

以问题为导向的学习是指用问题指向学习，将所学内容转换成关键性、关联性问题，引导学生通过分析问题，利用已知知识尝试解决问题掌握新知识，同时在此过程中学会自主、合作、探究学习的方法。问题导向的学习强调以问题解决为核心，多种学习途径相整合，强调学习者之间的交流与合作，让学生围绕问题展开知识技能及多种能力的构建过程。

2. 以"图示"为载体的效率性研究

本次研究的学习途径以"图示"作为载体，瑞士著名心理学家、教育家皮亚杰将图示概括为"图示本质上就是指动物对外界的刺激和自身的活动反射到大脑皮层下的结构或组织"。将"图示"作为载体，更有利于学生有效地管理学习过程与学习资源，主动探索学习内容，创造性地解决问题。而图形化编程更加贴合启蒙式编程的需求，往往是学生学习程序设计的首选。借助图示的图形化编程学习，可以帮助学生形成清晰的程序思维，编写出个性化的创意作品，同时激发其对程序设计学习的兴趣与热情。

五、孙悟空带来的人生启示

课程类型	语文
年　　级	七年级
课 时 数	6课时
所属学校	上海大学附属嘉定留云中学
设 计 者	陈鸿佳
实 施 者	陈鸿佳

　　本项目运用问题驱动，培养学生独立阅读的能力，初步理解、鉴赏文学作品，从而调动学生阅读的积极性和自主探索能力，引导学生灵活运用多种阅读方式进行阅读学习并从古典名著中认识经典人物、品味精彩故事，培养阅读古典名著的兴趣，丰富自己的精神世界，促进全面发展。

五、孙悟空带来的人生启示

（一）为什么做这个项目

《西游记》是一部很有趣的书，鲁迅先生称之为"神魔小说"，林庚先生称之为"童心之作"，是中国古典文学中最富有想象力的作品之一。《西游记》开辟了神魔长篇章回小说的新门类，是古代长篇小说浪漫主义的高峰。

为促进学生在语言实践中的语言习得，加深学生对整本书阅读的理解，本项目尝试运用问题驱动，调动学生阅读的积极性和自主探索性。通过阅读，感受《西游记》神奇的想象力，汲取主要人物身上的优良精神养料，促进学生的全面发展。

（二）项目设计

1. 项目目标

（1）课程标准要求：具有独立阅读的能力，注重情感体验，有较丰富的积累，形成良好的语感。学会运用多种阅读方法。能初步理解、鉴赏文学作品，受到高尚情操与趣味的熏陶，发展个性，丰富自己的精神世界。

（2）语文学科目标：

一是引导学生灵活运用多种阅读方式进行阅读学习；

二是从古典名著中认识经典人物，品味精彩故事，培养阅读古典名著的兴趣；

三是以不同形式展示读后收获；

四是能自行组织开展课本剧表演活动。

（3）学习素养：能够利用图书馆、网络搜集自己需要的信息和资料，帮助阅读。能自信负责地表达自己的观点，做到清楚、连贯、不偏离话题。注意表情和语气，根据需要调整自己的表达内容和方式，不断提高应对能力，增强感染力和说服力。能提出学习和生活中感兴趣的问题，共同讨论，选出研究主题，制订简单的研究计划。

2. 驱动性问题

（1）总问题：孙悟空的人生经历给我们哪些启示？

（2）子问题：

- 孙悟空有哪些主要经历？
- 孙悟空在这些经历中体现出了怎样的特点？

- 面对类似的困境，孙悟空的前后表现有何异同？
- 同为唐僧的徒弟，为什么孙悟空最终能成为"斗战胜佛"，而猪八戒只能做个"净坛使者"？

（3）成果展现：撰写一篇读后感。

(三) 项目实施

1. 入项

项目实施之前，需要对文本有个初步的认识。这一阶段的阅读是最基础的阅读，关键是让学生能够进行初步的完整阅读，开卷明义。

本阶段让学生探讨的话题是"孙悟空的朋友圈"。假如孙悟空有朋友圈，他在朋友圈里会发布哪些事件？谁会给他点赞？谁又会写下怎样的留言？

要求模拟制作孙悟空的朋友圈，避免简单地截取情节，而是要体现其逼真性，虚拟出符合人物的对话。

此项作业的设计目的是考查学生对孙悟空事迹、形象的掌握和理解。

2. 形成实施计划

任务1：绘制"人物称谓变化"思维导图。

这个任务对应的问题是孙悟空有哪些主要经历？可以用跳读的方法，将与阅读目的有关的信息筛选出来。比如阅读小说的第一回，就可以将开头部分的诗歌以及第一段近千字的论述部分跳过，等以后进一步研究时再来细读。

第一回　灵根育孕源流出　心性修持大道生

……东胜神洲。海外有一国土，名曰傲来国。国近大海，海中有一座名山，唤为花果山……那座山正当顶上，有一块仙石……盖自开辟以来，每受天真地秀，日精月华，感之既久，遂有灵通之意。内育仙胞，一日迸裂，产一石卵，似圆球样大。因见风，化作一个石猴。五官俱备，四肢皆全。便就学爬学走，拜了四方。目运两道金光，射冲斗府。

从第二、三段中读到，在东胜神洲傲来国花果山上，有一块仙石。这块石头吸收了日月精华，有了灵性便产下石卵，化作一个石猴。这是作者对孙悟空的第一个称呼，因为是从石头里蹦出来的，所以叫作石猴。可以把这个称呼记在思维导图上并且将它的由来做好标注。

原来孙悟空在小说的开篇部分，并不叫孙悟空，那么孙悟空这个名字是怎么来的呢？

五、孙悟空带来的人生启示

读完第一回，就可以找到孙悟空名字的由来了。石猴出世之后，有一天，他带领众猴发现了隐藏在瀑布后面的水帘洞，于是众猴拜他为王。自此，石猴自称美猴王。

接下来，美猴王为求长生不死，从东胜神洲出发，途经南赡部洲，到达西牛贺洲，拜在菩提祖师门下。菩提祖师给他取了法名叫作"孙悟空"。由此在第一回中，孙悟空就有三个称谓，每一个称谓背后都有一段经历。将称谓记录在思维导图上并做好标注，再把这些经历串联起来，基本就能了解故事的主要情节了（图2-5-1）。

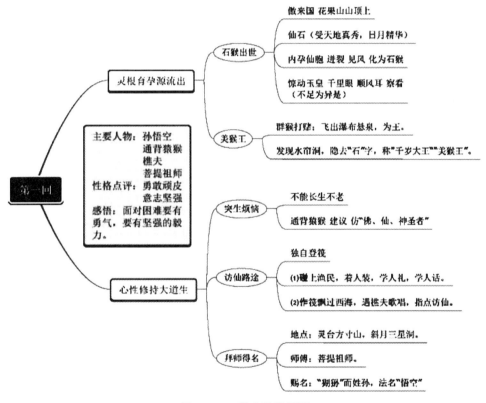

图2-5-1　学生思维导图

3. 开展探究实践

任务2：参加"悟空故事会"，选一个最感兴趣的故事，拟故事提纲，讲给同学听。

在孙悟空的各段经历中挑选一个最喜欢的故事，讲给大家听。讲故事的时候不能看书，所以必须提前做好准备。可以拟定一份悟空故事提纲任务单。讲故事需要考虑情节结构的完整性，开端要交代悟空遇到了怎样的困境，发展过程要有悟空的具体表现，也就是他说了什么、做了什么、怎么说的、怎么做的。高潮部分往往需要交代情节是如何突转的，结尾还要交代困难是否解决。

这个任务对应的问题是孙悟空在这些经历中体现出了怎样的特点，所以首先要精读文本，分析孙悟空的人物形象，然后尝试着讲这个故事。

通过思考以下几个问题来分析孙悟空的人物形象。

（1）孙悟空在不同的人生阶段里遇到了哪些困境？

（2）在面对困境的时候，孙悟空的表现是怎样的？

（3）这些表现体现出孙悟空怎样的个性特点？

4. 形成项目成果

任务3：为"悟空故事会"拟节目单。

有了故事，还需要拟一份故事会节目单。《西游记》中有那么多的故事，如何安排出场顺序呢？可以把孙悟空遇到的困境归归类，将故事会分为几个板块。以取经历程为例，跟着唐僧取经之后，孙悟空遇到的困境基本上就和八十一难有关了。事实上，《西游记》的八十一难是由四十多个小故事组成的，只是将其中的一个故事拆成几难。取经故事的叙事结构也相似，基本上是遇难排险、继续取经的一种循环式的叙事模式。但是对于孙悟空而言，他遇到的困境还是有所不同的，有对悟空内心的考验，也有对整个取经队伍内部团结的考验。

可以将这些相似困境的故事放在同一个板块中，比如之前我们讲到的第二十七回遇到白骨精的故事，就是对取经队伍内部团结的考验。面对唐僧的不信任、猪八戒的挑唆，孙悟空的表现却略有一些鲁莽冲动，以致被唐僧赶回了花果山。相似的困境，还出现在第三十三回遇到银角大王和第八十回在黑松林遇到女妖。白骨精、银角大王、黑松林女妖，都是妖精变化为人迷惑唐僧。唐僧肉眼凡胎，认不出来，却又善良心软，想要搭救。因此，对孙悟空而言，既要面对妖精想抓唐僧的困境，还要面对师傅不够信任自己的困境。可将这三个故事放在同一个板块中。

通过上述的思维方式，归类整理悟空的故事。

任务4：解释孙悟空成为"斗战胜佛"，而猪八戒只是"净坛使者"的原因。

小说的最后一个回目，也就是第一百回"径回东土　五圣成真"，唐僧师徒取经成功重返灵山听风,唐僧被封为旃檀功德佛,悟空为斗战胜佛,八戒为净坛使者,沙僧为净生罗汉,白龙马为八部天龙。

当时八戒并不满意,他口中嚷道:"他们都成佛,如何把我做个净坛使者?"

同为唐僧的徒弟,为什么孙悟空能成为斗战胜佛,而猪八戒只能做净坛使者?通过一个气泡状思维导图,可以将取经途中,悟空和八戒在遇到困境时的表现记录下来,然后比较他们有哪些共同点?有哪些不同之处?(图2-5-2)

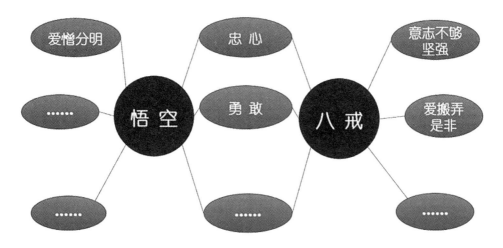

图2-5-2 气泡状思维导图

比如说,八戒和悟空都对唐僧忠心耿耿,一路护送唐僧取得真经。他们两人武艺高强,悟空会72变,八戒会36变。面对强敌,八戒一直是悟空的得力帮手。两人联手奋力杀敌,都体现出勇敢的品质。但两人也有很多不同之处,比如悟空爱憎分明、嫉恶如仇,而八戒容易受诱惑、敌我不分,意志不够坚定,有时还喜欢搬弄是非。

5. 撰写《西游记》的读后感

读后感中应该包括以下几部分的内容:

(1)简述孙悟空在几个不同人生阶段中的表现;

(2)分析孙悟空的表现,概括人物特点;

(3)聚焦孙悟空面对的类似困境,比较其前后表现的异同,分析其变化的原因;

(4)比较孙悟空与猪八戒在取经过程中表现的差异;

(5)结合自己实际生活的体验,阐述孙悟空的人生经历给我们的启示。

6.反思与迁移

本次项目式学习活动激发了学生阅读名著、阅读整本书的兴趣，锻炼了学生搜集整理信息、引用原文说明观点、使观点更具说服力的能力，开启了学生天马行空的想象力和自信演讲、落落大方的表现力。每一位学生都参与、思考、创作、成长，这正是PBL项目式学习的意义所在。

（四）项目评价

1.过程性评价

借"思维导图自我督查促读表"引领学生走进阅读（表2-5-1）。

表2-5-1　思维导图自我督查促读表

思维导图要点	具　体　标　准
工具准备	1. A3白纸3张（根据实际需要增加使用张数）（注意：纸张横着使用）
	2. 黑色笔和彩色笔
	3. 透明胶：在纸张的背面粘贴，不得影响思维导图的完整性
箭头和符号	思维导图的分支通常是放射式层级的：(1) 主干箭头要鲜明一些，线条可以粗一些，前后要始终保持一致；(2) 分支可以用其他样式表示，但也要注意前后保持一致性
内容要求	1. 思路走向：以故事发展为整个思维导图的思路走向
	2. 主要内容：以出现的主要人物和主要事件为主线
	3. 情节概括：尽量用最简洁的语言概括主要事件
创意体现	1. 可以使用自己喜欢的颜色但颜色不要太杂，注意颜色之间的协调性
	2. 可以画上自己喜欢的图案，注意所画图案最好与思维导图中的内容有关；如果所画图案只是有助于美化思维导图，要注意不要影响或冲击思维导图的主题体现

2.结果性评价

本项目采用评价表评价学生读后感，结果性评价表有效地反馈了项目成果所包含的核心知识与能力、高阶认知策略及学习实践的效果（表2-5-2）。

表2-5-2 结果性评价表

序号	评分标准	标准分值	实际得分
1.	能够清楚、完整、比较简练地概括出文章的主要内容	20	
2.	读后感结构清楚,"读"与"感"的结合点明确	25	
3.	能够围绕"读"与"感"的结合具体、真实地表达出自己的感受	30	
4.	语言表达通顺、有条理	15	
5.	标点符号使用正确	10	
总分		100	

六、如何绘制一幅年味图案

课程类型	数学
年　级	八年级
课时数	6课时
所属学校	上海大学附属嘉定留云中学
设计者	徐玉婷
实施者	徐玉婷

"千门万户曈曈日，总把新桃换旧符"，过新年贴福字是中华民族由来已久的传统文化，"福"字指福气、福运，寄托了人们对幸福生活的向往、对美好未来的祝愿，是象征吉祥、表达人们向往美好生活的民俗习惯。为了更充分地体现这种向往和祝愿，有的人干脆将"福"字倒过来贴，表示"幸福已到""福气已到"。民间还有将"福"字精描细做成各种图案的，有寿星、寿桃、鲤鱼跳龙门、五谷丰登、龙凤呈祥等。本项目以项目化学习为载体，让每位学生参与其中，体会年味图案中的中华传统文化，培养健康的审美价值取向。

六、如何绘制一幅年味图案

（一）为什么做这个项目

恰逢兔年春节来临之际，上海大学附属嘉定留云中学八年级的学生跃跃欲试，想要设计一幅有年味的图案，用来装点自己的房间。那么，如何设计一幅有年味的图案呢？我们注意到这学期数学教材上学习了函数和图形的平移、翻折、旋转三种运动的知识，是不是可以将这些数学知识作为图案设计为支架来绘制图案？于是，我们决定以学生们的兴趣为出发点，以项目化学习为载体，开展以"如何设计一幅年味图案"为驱动性问题的数学项目化活动。

（二）项目设计

1. 项目目标

（1）数学学科素养：

一是函数。能画正比例函数、反比例函数、一次函数的图像，能确定函数自变量的取值范围。

二是图形与坐标。感悟平面直角坐标系是沟通代数与几何的桥梁，理解平面上点与坐标之间的一一对应关系，能用坐标描述简单几何图形的位置；会用坐标表达图形的变化、简单图形的性质，感悟通过几何建立直观图像、通过代数得到数学表达的过程。在这样的过程中，感受数形结合的思想，会用数形结合的方法分析和解决问题。

三是图形运动。理解平移、旋转、翻折这三类基本的图形运动，知道三类运动的基本特征，会用图形的运动认识、理解和表达现实世界中相应的现象。理解几何图形的对称性，感悟现实世界中的对称美。

（2）学习素养：

一是人文情怀。体会年味图案中体现的艺术情怀及作品中的内涵，感受人文积淀。

二是审美情趣。引导学生理解和尊重中国传统文化，使学生具备发现、感知、欣赏、评价美的意识和基本能力，具有健康的审美价值取向；具备艺术表达和创意表现的兴趣和意识，能在生活中拓展和升华美。

三是观察能力。通过数学的眼光，理解自然现象背后的数学原理，感悟数学的审美价值。

四是思考问题的方式。通过数学的思维，探究现实情境所蕴含的数学规律。

五是描述现实世界的方式。通过数学的语言，精确地描述日常生活中的数量关系和空间形式。

2. 挑战性问题

（1）本质问题：年味图案是由什么构成的？如何用数学眼光看年味图案？

（2）驱动性问题：过年贴福字不仅可以给新年添喜气，还是对于中华民族的传统文化的传承。除了贴福字，近年来还流行起一些别具特色的DIY年味图案。那么，如何设计一幅有年味的图案呢？

（三）项目实施

1. 入项与问题探究

活动项目确立后，学生们自行分成了四个小组。因为活动项目开展的时间正是新冠肺炎疫情防控期间，所以整个项目都是在线上进行的。

为了让学生对年味图案有个初步的了解，教师先分享了一些福字图案。并引导学生进行讨论、思考福字的由来以及福字的演变。

经过资料搜集和交流分享，学生们对福字的历史有了一定了解。然后，大家汇总各自搜寻的资料并分享交流，制作电子版的调查小报（图2-6-1）。

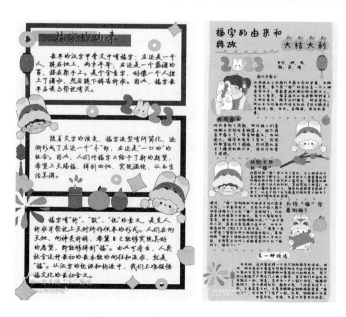

图2-6-1　学生制作的电子小报

六、如何绘制一幅年味图案

经过这些"预热"之后,教师发现学生们都跃跃欲试,也有兴趣去尝试设计一幅福字图案来装点自己的房间,让房间多一些节日的氛围。教师赞同了大家的想法,并且给出了一个建议:其实除了福字,还有很多图案也能凸显年味。同时,也正式抛出了此次项目的驱动性问题:"如何设计一幅有年味的图案呢?"

2. 形成实施计划

子问题1:如何来设计福字?可以利用哪些学过的数学知识?

经过一系列的头脑风暴,学生们发现可以利用的数学知识有很多,列举如下:建立直角坐标系、正比例函数、反比例函数和图形的平移、翻折、旋转三种运动的知识。这样的发现让大家兴奋不已:原来数学也可以服务于艺术设计!

为了帮助学生们后面的研究能够更顺利地进行,教师带领学生们进行了知识梳理,形成相关的知识导图。

3. 开展探究实践

子问题2:如何解决"一次函数"的知识盲区问题?

在图案设计的过程中,学生们产生了一些困惑和问题。比如:"过原点的直线或线段可以用正比例函数来表示,那么不过原点的直线或线段对应的是什么函数呢?"针对学生提出的这个问题,教师马上给大家补充了一些"一次函数"的相关知识点。

子问题3:如何解决不规则形状绘画的问题?

学生进一步探索各种图案中蕴含的函数,发现有一些形状是曲线,而这些曲线却不符合已经学过的反比例函数的解析式。如何用数学语言来描述这些不规则形状?教师首先肯定了学生们思考问题已经逐步从最初表面的知识深入到了一个新的层次,然后鼓励他们能否利用图形的三种运动即平移、旋转、翻折的方式,将反比例函数演变成一个新的函数。为了更好地支持不同小组解决各自的差异化问题,教师下沉到各个小组开展针对性、阶段性的活动交流。

4. 形成项目成果

子问题4:如何设计一幅有年味的图案,并将方案的思路和模型呈现出来?

本阶段在整个项目实施过程中较为重要,也容易遭遇瓶颈期,因此耗时较长。学生分组开展实践研究并形成自己的项目成果,活动主要采取课内外结合的方式进行，在课上主要交流沟通各自小组的任务推进情况，其余小组可以提出一些建议，有时是教师从旁协助。在课后，小组成员以小组交流沟通为基础，各自完成任务，共同努力推进项目。由于八年级学生对于技术与工具的运用具有一定的基础，再结合数学的相关知识与技能，成果作品主要以年味图案的形式呈现。有的小组的设计成果是电子版图案，有的小组的设计成果是手绘版图案。

5. 出项

可公开展示的成果是项目化学习的要素之一。学生完成年味图案制作后，各个小组分别在线展示和分享自己在这个项目中的学习成果，通过相关策划案、照片、视频等方式表达自己对驱动性问题和关键问题的理解，借助所制作的年味图案作品展示指向驱动性问题的解决方案。台上学生展示成果的同时，台下学生针对项目的成果和研究的过程进行提问并对其综合表现以及作品呈现进行评价。

6. 反思与迁移

参加本项目的学生热情洋溢，希望通过绘制年味图案来为自己的房间增添一些节日气氛。大家自发地提出了各种问题，随着研究的逐步深入，对于一些数学未知领域的好奇推动着他们一步步地去探索、寻找问题的真相。

学生在项目的推进过程中，面临了一次次挑战，比如：因为新冠肺炎疫情防控，大家无法汇聚一堂，小组讨论如何进行？设计方案定好后，图案绘制是由一个人完成吗？图案中的不规则形状怎么绘制？面对这样的困境，教师不断地用问题去引导并提供学习支架，帮助学生进一步分析问题、解决问题。学生们通过搜集素材、调查、访谈、咨询等手段获取信息，并通过信息处理及动手设计，开展了一次协作式、探究式的学习和创造性活动。学生们在项目学习过程中结合具体情境，体会设计思维，探究、创新的同时学习了一些课堂教学里还未设计的数学知识。通过这个项目，学生们的探究、质疑精神和合作意识得到了提升，有效地激发了他们学习数学的主动性，让学习变得更有意义，也更有质量。

当然，此项目的实施过程还是有一定问题的。受疫情影响，每个小组时有成员出席不齐的情况发生。另外，因为受到要用数学知识来进行图案设计的局限，作品的艺术性还不高。教师在后续设计新项目的时候也需要进一步思考。

(四)项目评价

1. 过程性评价

本次活动的主要意义在于:在过程中逐步培养学生的目标感,带领学生体会由低阶知识向高阶思维转换的过程,这一过程离不开学生之间的合作,所以本次量表侧重合作学习的过程性评价(表2-6-1)。

表2-6-1 过程性评价表

评价项目	评 价 内 容	得分(满分10分)
参与程度	主动参与分工任务,并能高效完成	
创新思维	能经常提出自己的看法和创新方案	
学习态度	积极参与各项讨论活动,在过程中能独立思考,宣扬积极向上的精神	
主动学习	能及时吸收团员的想法和建议,并能主动解决问题	
学习掌握情况	能在过程中学习到基本知识和基本技能	

2. 结果性评价

本次项目的最终评价主要采用学生展示、学生互评的方式(表2-6-2)。

表2-6-2 结果性评价表

评价项目	评 价 内 容	得分(满分10分)
科学性	图案中蕴含的数学知识是否正确	
创新度	形式新颖/有创造性	
美观度	图案的年味和美观	
可操作性	易于推广实行	

（五）关键问题探讨

1. 探索知识盲区的能力

本次年味图案设计，学生在自主探究的过程中，发现已有的数学知识无法描述的现象。面对这样的困境，学生可以借助的方法多种多样，最直接的方式是教师传授。但是随着信息技术的发展，我们获取知识的方式不再那么单一，而是可以借助网络等资源，通过自主探究来获取信息或知识。学生们在资料收集阶段表现出很强的搜索能力，只是信息整理方面还要继续加油，信息的获取随着技术的发展越来越容易，但信息的筛选也就越来越难，需突出重点，数学的学习也是如此，我们要学习的不仅仅是简单的知识，更是知识的融合。

2. 在合作中各显身手

此次活动项目的初衷是"让每个孩子都参与其中"，学生在探究活动中的参与度在一定程度上决定了他们对新知识的掌握和应用程度。为了鼓励每一个学生积极参与其中，教师的支持不可或缺。要做到这点，除了从规则和纪律两方面提供支持之外，更重要的是让学生找到自己的价值。在项目活动中，学生可以根据自己的特长和爱好接受不同的分工，在自己擅长的任务中展现所长。

第三部分

跨学科项目

一、如何设计可以玩的嘉定竹刻*

课程类型	美术 语文 劳动技术 信息科技
年　级	七年级
课时数	10课时 4课时 8课时 2课时
所属学校	上海大学附属嘉定留云中学
设计者	徐舒年
实施者	陈肖前　徐舒年　熊　俊　陆丹婧　夏阳刘

　　嘉定竹刻是国家非物质文化遗产、嘉定区的重要"非遗名片"。本项目尝试运用项目化学习理念，探究嘉定竹刻传承与创新的新路径。通过整合资源，借助外部支持，采用自主学习和小组合作等措施，在课程实施中形成学科融合，实现同一主题下的跨学科学习；通过场馆学习，借助参观走访、课后研讨、专业展会等形式进行自主学习；形成嘉定竹刻桌游卡牌设计。

---

* 上海市信息科技学科的课程内容一般安排于六年级，本项目将六年级的部分内容安排在七年级校本拓展型课程中实施。

（一）为什么做这个项目

2012年，文化部印发《关于加强非物质文化遗产生产性保护的指导意见》，强调充分认识开展非物质文化遗产生产性保护的重要意义。同时，为实现上海市政府提出的"一校一非遗"目标，积极响应嘉定区政府发出的"大众创业，万众创新"号召，我们积极行动，选择以嘉定竹刻为核心，师生共同探索突破传承与创新方面的难题。尝试运用项目化学习理念，将上海大学附属嘉定留云中学学子与上海大学师生、嘉定竹刻传承人、传艺机构、相关企业及社会组织等力量整合，引领学生为保护与传承嘉定竹刻技艺做出贡献。

基于"上海大学附属嘉定留云中学"的校园文化特色，拓展"云"德育特色的传承式国学教育内涵，本项目通过项目化学习的方式，组织学生通过展馆参观、师生交流、项目协作等发现问题、思考问题并解决问题，引导学生了解嘉定竹刻文化，思考嘉定竹刻在传承和发展中的现状并设计一款有关嘉定竹刻文化的桌游。

（二）项目设计

1. 项目目标

（1）跨学科核心概念：设计思维的应用。

（2）知识与能力目标：

一是美术。根据《义务教育美术课程标准》的要求，能够根据设计对象的功能选择合适的材料进行构思与设计；能够学会根据功能需求，利用材料的造型与材质特点构思造型，用添加、剪裁、替换等方法进行加工改造。

二是语文。根据《义务教育语文课程标准》的要求，能够利用图书馆、网络搜集自己需要的信息和资料，帮助阅读；能自信负责地表达自己的观点，做到清楚、连贯、不偏离话题；注意表情和语气，根据需要调整自己的表达内容和方式，不断提高应对能力，增强感染力和说服力；能提出学习和生活中感兴趣的问题，共同讨论，选出研究主题，制订简单的研究计划。

三是劳动技术。根据《义务教育劳动课程标准》的要求，能够根据个体、家庭、学校、社区的发展需要，提出具有一定创造性的解决方案，制订合理的劳动计划，并安全规范地加以实施；能对劳动过程与劳动成果进行反思和总结，进一步提高创造性劳动能力、合作能力。

四是信息科技。根据《义务教育信息科技课程标准》的要求，能够熟练掌握信息加工软件的图标、功能、特点和界面、视图方式等；学习各类信息加工软件的常规操作技巧和特殊操作技巧；选择合适的软件、对原始素材集成、编辑和加工，形成更具价值的信息，体会信息加工的意义和价值。

（3）高阶知识：

一是问题解决。能够运用设计思维去解决问题，能够经历发现、筛选到重新定义问题的过程。

二是决策。能够通过对多个问题的综合评价和考量，再根据标准、筛选出最值得解决的问题。

三是系统分析。能够从设计思维的角度出发，从who、when、where、what、why、how六个方面去细化方案、设计产品。

四是实验。能够根据方案去制作模型并进行反复多次地测试和修改。

（4）学习素养

一是人文情怀。体会竹刻作品中体现的"文人竹刻"的艺术情怀及作品中的内涵，感受人文积淀。

二是审美情趣。引导学生理解和尊重嘉定竹刻艺术文化，具备发现、感知、欣赏、评价美的意识和基本能力，具有健康的审美价值取向，培养艺术表达和创意表现的兴趣和意识，能在生活中拓展和升华美。

三是科学精神。鼓励学生用科学的思维方式认识事物、解决问题，指导学生在"综合实践"学习领域，综合运用语文、美术、信息科技、劳技等学科知识尝试解决嘉定竹刻在当下的传播问题。

四是乐学善学。通过项目化学习，为学生创设良好的学习环境，激发学生学习的动力源泉，使学生掌握适合自身的项目化学习方法。

五是勤于反思。只有不断地在学习中进行反思，养成进行审视的意识和习惯，善于总结经验，才能更好地调整自己的学习状态。

六是信息意识。为了适应社会信息化发展趋势，在项目化学习中也涉及电脑美术设计课程，引导学生通过信息科技的手段来进行美术创作，不仅拓宽了美术活动的方式，更是顺应时代发展，与时俱进地培养学生信息意识。

七是责任担当。每个学生都有传承国家文化艺术的责任，培养学生对家乡竹刻文化强烈的认同感和自豪感，认同中华民族的优秀传统文化，增强民族自尊心和自信心，培育乡土情怀；引导学生体会传承、发扬传统文化，充分激发学生的责任担当。

八是实践创新。关注学生在问题解决、适应挑战等方面的实践能力、创新意识和行为表现，具体包括劳动意识、问题解决、技术应用等基本要点。

2. 挑战性问题

（1）本质问题：如何运用设计思维去解决问题？

（2）驱动性问题：嘉定竹刻是国家非物质文化遗产、嘉定区的重要"非遗名片"，但我们好像离它很近又很远，如何让学生们更了解嘉定竹刻，让嘉定竹刻也可以被学生们玩起来？

（三）项目实施

1. 入项

在项目实施之前，首先与学生们围绕"你所知道的桌游"进行讨论，了解桌游内容可以涉及贸易、文化、艺术、城市建设、历史等多个方面，其实物大多使用纸质材料加上精美的模型辅助，并要求他们将桌游带到学校，与同学们一起在玩的过程中记录这个游戏的规则、角色等设计元素，为之后的项目探究做好准备。

正式进入项目后，围绕"你感受最深的游戏是什么？体验过程中有什么感受？"以及"你认为游戏中有哪些必不可少的元素或环节？"开展讨论，基于讨论探究以及课堂的一系列追问，学生归纳总结出桌游的要素，如目标、玩家、规则、冲突等并再将其关联到自己所熟悉的几款桌游中。于是，教师顺着学生们的讨论内容，提出问题："知识和文化是不是可以通过桌游的形式玩起来？"并引导学生举一些例子。学生们开始发现桌游中体现的益智、逻辑、推理等，可以激发潜力、学习知识。

经过几轮讨论，激发出学生的兴趣，教师顺着学生的讨论，正式抛出项目的驱动性问题并提出困扰："如何让嘉定竹刻也可以被同学们玩起来？"进一步强调了项目的意义与价值。

得益于一系列的师生互动，学生对于驱动性问题已经有了比较完整的认识，充分理解了项目产生的背景、需要解决的问题以及期望达成的目标。由于该项目中学生既是"桌游设计师"，也是"桌游受益者"，因此他们对项目中内容的学习与实施产生了浓厚的兴趣。

2. 形成实施计划

子问题1：我如何走近了解"嘉定竹刻"？

为了有效利用课堂时间以及校内外资源，整个项目通过课内外融合的方式进行。课前，学生自行分成四个小组，组建项目团队，确定了小组名称、标志，完成小组分工表，根据学习单上的问题进一步思考如何走近了解嘉定竹刻。

为了帮助学生初步了解嘉定竹刻的相关内容，运用劳动技术校本教材《竹刻知识与技法》，劳技课教师示范竹刻技法，让学生了解技法知识，并引导其进行知识梳理，形成相关的思维导图（图3-1-1）。

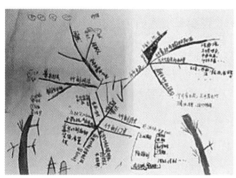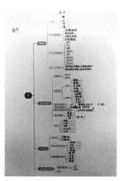

图3-1-1　教师讲解现场照片及学生思维导图

由于在此次课程中，需要学生合理运用课余时间进行自主性学习，为了保障研究过程的系统性和科学性，项目团队需在学习单中填写"研究计划表"，引导学生自主探究嘉定竹刻的路径，在小组讨论中制订计划、明确流程、选择方法，从而帮助学生达成探究嘉定竹刻知识与文化的目标。

有的小组选择走进嘉定图书馆，学习通过信息检索功能查阅书籍资料，运用电子资料系统了解嘉定竹刻的知识。有的小组选择参观嘉定竹刻博物馆，通过竹刻作品感受竹刻技法，了解竹刻历史及传承人。有的小组则是参观调研嘉定阳光工坊，该工坊由嘉定区残联主办，残疾学员在内制作、学习徐行草编、嘉定竹刻等非遗文化，学生们走进阳光工坊切身了解竹刻技艺，并且对嘉定竹刻的传承现状有了更深入的认识。

3. 开展探究实践

子问题2：如何解决学生们对"嘉定竹刻"文化了解不足的情况？

在校内课堂中通过每个小组之间的分享，学生们对嘉定竹刻的了解有了更全面的认识,思考深度逐步从最初表面的知识深入到嘉定竹刻传播力度不足的原因。为了更好地支持不同小组解决他们差异化的问题,教师下沉到各个小组开展针对性、阶段性的活动交流。针对各小组不同的研究内容,教师将课堂组织的重点放在引导学生学习"如何获取未知的知识与技能"以及交流"学到的方法和概念"等共性活动上,帮助学生提升知识获取和问题解决的能力,支持学生开展个性化的研究和实践。例如:

(1)阅读桌游游戏规则说明书,用自己的语言阐释概念;

(2)仿照已有的规则、产品或者模型,梳理其中的目标、玩家、规则、冲突等要素;

(3)借助互联网资源,通过网络社区、百科等途径了解知识与方法;

(4)通过组内讨论和思维碰撞,解决认知冲突与尚未理清的问题;

(5)针对成果进行合理分工并制订切实可行的计划。

经过一段时间的研究讨论,各个小组在行动中不断建构自己对于关键问题的理解,同时也不断完善和优化各自的方案和计划。

4. 形成项目成果

子问题3:如何设计可以"玩"的嘉定竹刻桌游,并将方案的思路和模型呈现出来?

本阶段在整个项目实施过程中较为重要,其间也容易遭遇瓶颈期,因此耗时较长。学生分组开展实践研究并形成自己的项目成果,活动主要采取课内外结合的方式进行,在课内学生以小组探究的形式交流沟通各自的任务推进情况,教师从旁协助,在课外,学生各自完成任务,共同努力推进项目。由于七年级学生对于技术与工具的运用具有一定的水平,再结合语文课程、美术课程、劳动技术课程以及信息科技课程的相关知识与技能,成果作品主要以竹刻桌游策划案的形式呈现。

例如:小猪佩奇小组所设计的《竹刻杀》桌游是两方对阵的回合制游戏,玩家需要扮演一个角色并加入"竹上仙"或者"黑魔竹"阵营,然后运用自身技能和手中技能牌对另一方进行攻击,技能牌可以起到攻击或防御的作用,所运用的名词均来自竹刻中的技法,如漏刻、刮花、起稿、开线等,让玩家在游戏过程中了解嘉定竹刻文化及嘉定竹刻的制作流程。

Black Hole小组所涉及的《搜竹令》桌游则是一款卡牌收集类游戏,有点类似"对对碰",玩家需要在"搜竹战场"上收集相同性能的卡牌来不断增加自身

一、如何设计可以玩的嘉定竹刻

实力,在游戏过程中,玩家还可以通过卡牌上的图案和文字了解竹刻文化内容。

本项目活动中形成的学生策划案还有诸多不足之处,并不一定是能直接解决问题的作品,但是它能一定程度解释和呈现学生对于驱动性问题及关键问题的理解与思考。由于各组研究方向的差异,最终形成的作品样态也是各不相同的,比如以上介绍的两个成果作品,前者更注重对游戏的设计,后者更注重对竹刻文化的输出,尽管它们对于学生能力和技术的需求各不相同,但是都能够有效地呈现学生对于关键问题的理解(图3-1-2)。

图3-1-2　三组学生竹刻桌游策划案

5. 出项

在出项阶段,各个小组分别上台展示和分享自己在这个项目中的学习成果,通过相关策划案、照片、视频等方式表达自己对驱动性问题和关键问题的理解,借助所制作的嘉定竹刻桌游作品展示指向驱动性问题的解决方案。在台上学生展示成果的同时,台下学生除了聆听之外还要针对项目的成果和研究的过程进行提问并对其综合表现以及作品呈现进行评价。

(1)借助评价策略,丰富出项展示的过程和内涵:

对于出项展示的评价主要从三个维度展开,分别是项目方案、研究方法和成果介绍。其中,项目方案主要围绕项目成果本身进行评估,包括能否体现构思有创新性、能否体现嘉定竹刻文化、能否体现表达意图等;研究方法主要围绕项目实施过程进行评估,包括是否有真实的研究过程、研究材料是否完整等；成果介绍主要围绕现场表达进行评估，包括能否团队合作展示、表达是否清晰完整、能否合理运用各项资源等（图3-1-3）。

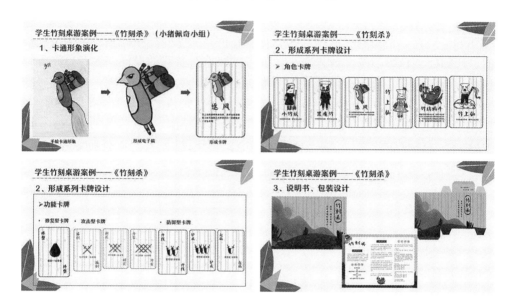

图3-1-3 "小猪佩奇"小组《竹刻杀》桌游卡牌作品的出项展示

在评价打分阶段，为了平衡不同学生的观点和想法，主要采取先组内商议后小组打分的方式进行。大部分小组是以组长为代表统一组内成员建议并填写评分表，个别小组是组员授权直接由组长打分。经过展示和评价，最终完成各小组的出项活动，并选拔出优秀项目成果和解决方案。

（2）通过项目复盘，促进研究意识和设计思维的形成与发展：

纵览各组的出项展示与成果，不乏过程完整且成果富有创意的方案。如"小猪佩奇"小组的《竹刻杀》桌游卡牌作品既体现出游戏的娱乐性，也显现嘉定竹刻文化中的"竹"元素，整体卡牌设计完整，整个分享过程有理有据、层层递进，组员之间合作默契、表达流畅，台下同学纷纷给予高分。

除了挖掘优秀的项目成果，通过出项也能发现一些小组在项目实施过程中产生的问题。如"竹喵"小组在卡牌设计环节，出现了对主题形象设计的意见分歧，有的同学坚持以"猫"为主体进行设计，而有的同学则认为过于单一，最后呈现的《竹刻喵》卡牌作品也出现了卡牌设计和游戏规则割裂的情况，受到台下同学的质疑。

在出项阶段中，有些成果出色，有些成果差强人意，也有一个小组并没有形成完整的策划案。但无论是怎样的展示,对学生都能够产生正向的促进作用。通过对比不同的成果,学生直观地感受到真实的研究过程、团队协作、积极思考等对于解决项目问题的重要性,从而表现出良好的研究态度和设计思维。

6. 反思与迁移

在反思环节中,学生们运用反思清单来帮助小组共同回顾整个项目学习的历程。大家还对设计制作、团队协作环节进行重点反思,发现团队成员中的沟通协作是项目实施的重要环节。表3-1-1的内容来自"小猪佩奇"小组的自我反思。

表3-1-1 反 思 清 单

项目名称:《竹刻杀》桌游卡牌	团队成员:(略)

1. 在项目过程中遇到哪些问题(困难)? 　对嘉定竹刻的知识归纳;卡牌的设计;大家坚持自己的意见。
2. 你们在设计时是否考虑到传播"嘉定竹刻"文化? 　我们考虑到了,在卡牌设计里有加入有关的知识。
3. 小组的分工合作是如何实现的?是否有不合作的现象,是如何解决的? 　我们是按照组长统一调配进行合作的,因此非常完美。
4. 争论最多的问题是什么?是如何解决这些问题的? 　游戏规则的制定是我们争论最多的地方,我们最后采取了投票的方式解决。
5. 这个项目是否使用了美术、劳动技术、语文、信息科技的知识和技能? 　全都使用了。
6. 你在这个项目中收获了什么? 　拓宽了视野,知道课堂里学习的知识和本领都是可以被运用的,团队合作能力加强了不少。
7. 你觉得参加这个项目的意义何在? 　能增进同学之间的友谊和感情,加强团队合作意识;给自己另一种思路,自己也可以设计游戏和规则。
8. 除了你们小组外,你们认为哪个小组最成功? 　我们觉得"Black Hole"小组很棒!
9. 通过参加此次项目,你觉得还需要增强自己哪方面的能力? 　语言表达的能力,需要更加自信。

"小猪佩奇"小组的小唐同学在反思交流中发言表示:"今天能够来到这里已经很开心了,尤其是能够站上舞台分享自己参与的项目。我从不了解嘉定竹刻,慢慢熟悉,到现在看到自己绘制的图案可以印刷出来变成纸牌,与同学们一起玩,这个过程不仅有趣,我还学到了要坚持、创新才能把一个项目完成的道理。虽然上台分享有些紧张,时间没有把控好,并没有完整地把我想表达的汇报完,但我还是有很大的成就感。"

教师在反思交流环节也对学生的成长感到欣喜,表达道:"在这次的项目课程中,我看到了小唐同学从'默默无闻'到'侃侃而谈',刚进入社团的时候她就显得很孤僻,喜欢一个人一桌,自己管自己画画,刚刚加入小组时,也总是躲在队伍的最后,但是通过团队共同协作探索桌游规则,去图书馆、博物馆,一起到上大工作室交流等的各类活动,渐渐地看到她越来越融入集体,愿意表达自我,对自己画的一些形象也会积极地去解释并渴望得到认可,在不断被肯定后,她的绘画热情也越来越高,创意和想法也越来越多,最后她还作为主讲同学分享自己小组的《竹刻杀》卡牌桌游,语言流畅,全程充满自信。而这种自信心体现了她在这个过程中绘画创意能力、语言表达能力、团队协作能力等各个方面都有所成长,对于其一生的发展都至关重要。"

该项目课程虽然已经结束,不过项目的研究并未彻底结束。在之后的课余时间里,对部分小组的方案进行了改进优化,并由上海大学"嘉竹艺像"社团的老师和大学生导师进行了跟踪指导,在不断试玩、修改、试玩的过程中改善游戏规则,调整形象设计。还在上海桌游展、JA《我是创业家》商业挑战赛等平台进行展示,用多元的学习环境促进学生的学习过程,引导学生朝着所设定的目标前进。

(四)项目评价

1. 过程性评价

对学生学习实践采用过程性评价能有效增强学生的热情,引导学生拓展相关知识,积极反思,提高自我评估能力。本项目中涉及的学习实践类型较多,但在学习实践过程中最重要的是创造性实践,因此我们选择了创造性实践进行过程性评价(表3-1-2)。

表3-1-2 创造性实践评价量规

评价维度	优秀（3星）	良好（2星）	初级（1星）	星级评价
好奇心	我对嘉定竹刻卡牌设计创作过程充满了好奇，有强烈的求知欲望。	我对嘉定竹刻卡牌设计创作过程有一定兴趣，愿意探究新的问题	我对嘉定竹刻卡牌设计创作过程不感兴趣，没有探究新问题的欲望	
冒险精神	我敢于探索嘉定竹刻卡牌设计这一全新的领域，喜欢尝试新的想法和经验，不担心失败或犯错	我有时不敢尝试新的领域、新的想法或经验，担心失败	我很少尝试新的想法或经验	
多样性	我能从很多不同视角看待同一主题或内容，并提出多元化的想法和策略	我需要在同学的帮助下或借助一定的思维拓展工具才能产生不同的想法	我几乎是从同一个视角看待问题的	
创造性	我能自主提出全新的观点或理念	我需要帮助才能产生一些新的想法	即使在帮助下我也很难想出新的观点	
评价改进	我能从不同的角度提出新颖独特的评价建议并成功进行改进和完善	我能提出合理的评价建议，但想法不够新颖独特，改进时较有困难	我几乎不能提出有效的评价建议，改进时有很大困难	

2. 结果性评价

本项目的最终成果采用的是公开报告，公开报告包含卡牌作品、策划案陈述、师生现场问答三个部分。项目学习成果评价量规中的维度有效地反馈了项目成果所包含的核心知识与能力、高阶认知策略及学习实践的效果（表3-1-3）。

表3-1-3 项目化学习成果评价量规

类别	评价标准		
	良好	一般	须努力
项目方案	研究的成果具有实用价值，研究内容与嘉定竹刻密切相关	研究成果有一定的价值，内容与嘉定竹刻有关	研究成果缺乏实际价值，研究内容与项目主题无关

（续表）

类别	评价标准		
	良好	一般	须努力
项目方案	研究成果具有科学性，符合课程的要求	研究成果具有一定的科学依据，符合课程要求，但可能难以实施或无法符合实际情况	研究成果缺乏科学依据，不符实际问题
	项目方案描述清晰，能够正确表述设计思路，有完整数据证明，表达准确，没有歧义	项目方案描述基本清晰，能基本表述清楚思路，部分内容存疑	项目方案说明不清晰，无法清楚表述设计思路，内容可信度较低
	应用前景良好，具有持续推广的潜质，可适用范围广泛	能够在特定场景应用，局限性较大，改进后可以推广	缺少可应用的场景，不具备推广价值
研究方法	实施过程记录详细，过程具有科学性，符合研究的一般规律	实施过程比较详细，能够满足科学要求	实施过程记录不够详细，无法了解项目的实施过程，研究过程缺乏科学性
	研究计划规划完整，实施过程符合计划	研究计划规划不完整，实施过程有明显差别	缺少研究计划规划，实施过程比较混乱
	研究过程完整，具备提出问题、分析问题、解决问题等环节	研究过程比较完整，缺少部分研究环节	研究过程比较混乱，缺少大部分研究环节
成果介绍	熟练运用信息技术介绍和展示项目成果，信息技术运用恰当，能起到点睛的作用	能够借助信息技术介绍项目成果，能将成果和方案基本讲清楚，但过程缺乏亮点	不使用信息技术介绍，且过程枯燥，无法将成果或方案介绍清楚
	成果介绍内容完整，思路清楚，有重点和特色，生动有吸引力，能以团队形式分享	成果介绍比较完整，实施过程清楚但缺少重点，有团队介绍，但合作不默契	成果介绍内容较空，思路不清，过程缺乏重点和吸引力，缺少团队合作
	项目成果具有创造性，能通过相关资料证明创意的独创性	项目成果具有一定新意，但独创性不足，有借鉴的成分	项目成果有严重模仿痕迹，缺少创造性和独创性
	具有两个或两个以上的创新点，且能够在实际生活中解决问题	具有一个或一个以上创新点，能够解决实际问题，但比较难实施	成果中无创新点

（五）关键问题探讨

1. 突破课堂"边界"，激发学习潜能

在传统美术课堂中，学生的学习空间局限于美术教室，多为被动接受知识，但是在本次项目化学习课程中，学生走进嘉定竹刻博物馆、上海大学嘉定校区"嘉竹艺像"工作室、嘉定区图书馆等场所，学生的主动性被调动起来，成为知识的探索者。学生带着问题进行观察与思考，在观察中发现。学生在博物馆中探究学习兴趣较高，小组成员席地而坐进行交流研讨，利用自己架构的知识框架解决现实问题，更好地激发他们的学习兴趣和学习潜能。

2. 学生成为"主体"，强化分工合作

学生在项目活动中，可以根据自己的特长和爱好参与到项目活动中，而且在小组的协作中，每个人具有不同的分工，任何人的怠工都会影响项目进度，促使学生自觉跟进并完成任务。在项目作品的设计过程中，学生利用所学的知识和技能以小组合作的形式进行信息的收集、选择和运用，最后达到设计的目的和成品制作的目标。学生成为项目的"主人"，真正发挥了课堂的主体地位，同时也使学生真正参与到合作之中，有利于学生提高合作能力和解决问题的能力。

3. 拓展文化"眼界"，形成多元认知

在课程实施的过程中，学生体验到了更全面、更完整的艺术表现形式与表现方法，有利于学生融会贯通。学生能够在体验教师讲解、大师授课、博物馆课程、桌游试玩等多样有趣的活动后，发现自己的兴趣和潜能，找到最适合自己的创意形式，实现个性的发展。项目学习的作品不再是学生为了完成作业而进行的劳动成果，而是学生探索学习的一种形式和渠道。通过小组建立自己的项目，设置问题，呈现矛盾，学生带着学习单研究，使之形成适应时代的多元文化心态，学以致用。学生用更为广泛的眼界接触美术本体的不同层面，在实践中体验与美术的关系，对学生更好地适应时下的社会环境与文化起到积极的作用。

4. 完善实施"路径"，延续项目成果

此次项目的关键问题解决都伴随设计思维的运用，较好地培养了学生理解问题产生的背景，催生洞察力及解决方法，并能够理性地分析和找出最合适的解决方案。在传统课堂上，学生们提交的作业往往大同小异，而在本次项目化

学习中，他们提交的作品从外观到内在都有着青少年独特的个性。教师也鼓励一些学生参加市区级的相关创新型比赛，并且获得了一定成绩，这是对项目成果的进一步认可。

经过一轮项目化学习设计与实施，笔者认为以设计思维培养为核心的项目化学习，可以通过融合美术、劳动技术、语文、信息科技等学科来开展，并总结此次实施过程中的经验及成果，形成以设计思维培养为核心的项目化学习实施路径，延续项目成果（图3-1-4）。

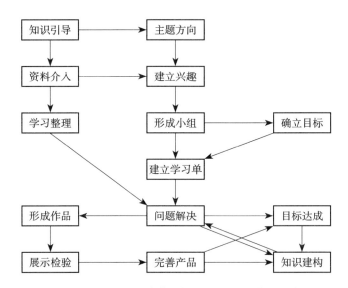

图3-1-4　以设计思维培养为核心的项目化学习实施路径

二、如何设计一份故宫一日游攻略

课程类型	语文 数学
年　　级	六年级
课 时 数	1课时
所属学校	上海大学附属嘉定留云中学
设 计 者	钱　燕　沈安晴
实 施 者	钱　燕　沈安晴

《故宫博物院》是初中语文阶段说明文的入门课文，意义重大。本项目尝试运用项目化学习理念，探索说明文教学的新途径。通过语文和数学学科的融合，在任务驱动下，教会学生读懂这篇说明文，需要整体把握课文内容，了解故宫建筑的基本特征，学会介绍复杂景观时重点突出、详略得当的写作技巧。此外，引导学生运用所学的数学知识（百分比的运用、比例、轴对称图形等）感受故宫建筑群的规模宏大、布局统一，在生活情境中应用课内所学，学会用数学的眼光观察世界。

（一）为什么做这个项目

《义务教育课程标准》的颁布，对跨学科学习、项目化学习等提出了新的要求。

在初中语文的说明文教学中，通过分析事物的特征来把握说明文思想内容十分重要。但这类文章因为没有生动的故事情节，大部分缺乏语言的美感，学生往往不大喜欢学，课堂教学效率较低。良好的开端是成功的一半。部编版语文六年级第三单元《故宫博物院》作为初中阶段第一篇较为规范的说明文，它的教学效果又显得尤为重要。如何使初中说明文教学的第一眼泉水活起来呢？

笔者思考，跨学科学习、项目化学习的理念或许会为这眼泉水注入新的活力。

创设真实情境，把学生难以理解的抽象概念转化为鲜活的生活问题，旨在让学生从不同的角度，以不同的方式恰当地理解并掌握知识的内在规律，使学生的形象思维能力得到发展的同时逻辑思维能力也能得到相应的发展。跨学科学习的模式，更是激发学生学习兴趣、提升综合学习能力的有利途径。

然而传统跨学科的学习并未真正地打破大学科之间的壁垒，文学艺术的融合，科学数理的贯通，从来都不是新话题。

为了有所突破，数学与语文学科合作教研，以《故宫博物院》为蓝本，以"故宫一日游"为任务驱动，融合数学对称轴、圆形、比例等数学知识，打造出以"云游故宫"为题的主题研学课堂，以实现对"文理融合"的尝试与创新。

（二）项目设计

1. 项目目标

（1）跨学科核心概念：信息筛选和处理能力的运用。

（2）学科目标：

一是捕捉文中交代说明顺序及建筑空间关系的语句，找准作者的立足点，梳理说明的思路；

二是整体把握课文内容，了解故宫建筑中的基本图形，运用所学的数学知识（百分比的运用、比例等）感受故宫建筑群的规模宏大、布局统一，会用数学的眼光观察世界；

三是学会介绍复杂景观时重点突出、详略得当的写作技巧；

四是了解故宫博物院建筑艺术的独特风格和伟大成就，激发热爱祖国的思想感情和民族自豪感。

2. 挑战性问题

（1）本质问题：如何把握一篇复杂景观说明文的详略？（《故宫博物院》为什么要详写太和殿这一部分？）

（2）驱动性问题：你是"小故"，今年上六年级，假期里打算与你的家人出游，有爷爷、奶奶、爸爸、妈妈，目的地是"故宫博物院"。如何设计一份故宫一日游的攻略？

（三）项目实施

1. 入项

对于初中阶段的第一篇较为规范和完整的说明文学习，大部分学生表现出明显的焦虑与迷茫。初读文本，学生围绕着"我读到了什么"这一浅层问题进行表述时，基本以"故宫博物院很大""景观很多"见多，对于说明对象的特征并未有感性的初步认识。这一问题设计的初衷，本是为课程后期专项文体知识的学习搭建一把梯子，但此时这把梯子无疑是悬空的，更不用说到达"把握复杂景观说明的详略"这一教学目标了。

此路不通，转而求其道：回归学生的现实生活。项目实施之前，组织学生分组讨论"我去过哪些景点""我当时参观了哪些景观""当时我为什么会去参观那些景观"等问题。基于以上讨论，在教师的引导下，学生们逐渐归纳总结出"旅游时，我们总会在某些最具特色的景观上多花时间"这一结论。

在这样基于生活话题讨论的基础上，笔者顺势而为，正式抛出项目的驱动性问题：如何为家人设计故宫一日游的旅程？此项目的完成，必然会考虑到"一日"这一时间区间，从而必然考虑时间安排的问题，而把这些数字语言转为汉字语言，即为详略的安排。

2. 形成实施计划

鉴于以上驱动性问题，在学生们的热情鼓舞之下，笔者设计了一份"关于设计一份一日游的旅程计划你需要考虑的因素"的收集单，学生积极思考，畅所欲言，并进行了协作梳理，逐步形成了说服家人—购买门票—设计路线—重点参观的初步项目实施计划。

3. 开展探究实践

子问题1：如何用一句话说服家人前往"故宫博物院"？

子任务1：心向往之——用原文中的一句话来介绍故宫博物院的特征，以说服家人前往"故宫博物院"。

说明对象的特征，是一篇说明文里最紧要的内容，理清它也是学生阅读文本、关联文本最为关键的前提，但生硬的文体术语"说明对象的特征"，不仅难以调动学生的学习内驱力，而且此种畏难情绪对后期的说明文阅读课程的推进也会造成一定的阻碍。

为此，笔者设计的"子问题1"，旨在于情境中，告诉学生向别人介绍一样事物，最关键的是抓住其主要特征。当然，这里的"别人"表面看是"真实情境"中的"家人"，推演到我们的说明文阅读教学中，实为读者，也就是我们的学生，那么学生在进行说明文阅读时，最紧要的也就是抓住说明对象的特征了。

子问题2：请思考，要画一张故宫参观路线图，你会需要哪些材料？你应当关注文中的哪些阅读材料？

子任务2：沿文索道——为家人设计一张故宫参观路线图。

在顺利完成对家人的动员工作后，为家人设计一张故宫参观路线图，便是一件极其自然的事情了。关联本单元《竹节人》"积累拓展"：阅读是一种选择，不同的阅读目的，有不同的阅读关注。笔者引导学生思考：要画一张故宫参观路线图，你会需要哪些材料？你应当关注文中的哪些阅读材料？从现实生活迁移到文本内容，将学生的眼光聚焦到文本中的"景点名称"和"方位"，对原文进行圈画，对脉络进行梳理。那么，说明文教学里的另一重要知识点——说明顺序（空间顺序）也就呼之欲出了。

子问题3：由于时间原因，景点众多，无法处处参观，为了不枉此行，你打算选择其中一个景点重点参观，你会选择哪一个景点呢？为什么？

子任务3：取舍之下——给家人选择一个景观重点参观，并说明理由。

曲径通幽，为任务创设一点波折，或许会是一种惊喜。选择题，一向是最受学生青睐的题型，但本环节的难点，是要阐述选项的理由。有了前期说明对象特征的铺垫，学生很快地识别出了"太和殿"这一选项，并准确地圈画出文中表现其规模宏大、建筑精美、布局统一的语句。

所以，笔者将重点放在对于以上三个关键特征语句的具体分析。尤其是

二、如何设计一份故宫一日游攻略

"建筑精美",学生能在文本第五、第六段诸多色彩明丽的词句中觅得真容,如"那金黄色的琉璃瓦重檐屋顶""梁枋间彩画绚丽,有双龙戏珠、单龙翔舞,有行龙、升龙、降龙,多态多姿,龙身周围还衬托着流云火焰"等。至于"规模宏大""布局统一"则在数学老师的引导下,结合旧知,引进新知。从文本中"太和殿俗称金銮殿,高二十八米,面积两千三百八十多平方米,是故宫最大的殿堂"这句话出发,对比"太和殿"和"教室"的面积,计算两者的面积比,帮助学生对"太和殿"的"规模宏大"形成具象而清晰的认知。通过殿内具体图形,结合轴对称知识,深入理解"布局统一"这一特点(图3-2-1、图3-2-2)。

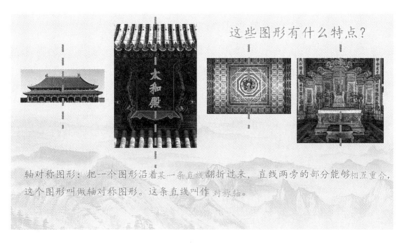

图3-2-1 图形对称轴讲解PPT

图3-2-2 对故宫几何图形讲解PPT

147

在文本赏析和数学思维的齐心协力下，学生终于对“太和殿”这一故宫建筑群代表性建筑有了深刻的认识。回望我们身处的情境，学生们所做的选择，实为《故宫博物院》作者黄传惕的选择，追问学生选择的原因，学生很快总结出，因为太和殿无论是历史意义/功用还是建筑风格都是故宫中最具代表性的，所以选择参观之。而这一点也体现在这篇文本的详略安排上——详写了太和殿。

笔者顺势而为，追问学生对写作的启示，学生积极讨论，思维逆向，会发现读与写是我们读者与作者身份的置换，原来在我们介绍复杂景观时，应当选择具有代表性的典型事物重点介绍。

子问题4：如何为家人计算出行的参观费用？

子任务4：量价而行——在参观前，可以在微信小程序上查到相关购票信息，以此为依据计算一家人出行的参观费用。

参观费用，是出行攻略中必然考虑的内容。为了锻炼学生筛选信息、提取信息的能力，此次费用的计算，数学老师借助真实的买票程序，将真实生活情感代替枯燥数学题干（图3-2-3）。

票价及优惠政策

1.门票价格：

（1）每年4月1日至10月31日为旺季，大门票60元/人；

（2）每年11月1日至次年3月31日为淡季，大门票40元/人；

（3）珍宝馆门票：10元/人；

（4）钟表馆门票：10元/人；

2.大门票优惠政策：

（1）未满18周岁的中国公民（含港澳台居民及获得永久居留权的外国人）免费参观，**但须预约。未满14周岁的未成年人入院参观须有成年人陪护**，1名成年人最多可带3名未满14周岁的未成年人。

（2）18周岁以上学生，本科及以下学历（不含成人教育和研究生），可购学生票，淡旺季均为20元/人。检票时需出示学生证、学校介绍信等有效身份证明。

（3）60周岁以上（含60周岁）老年人凭有效身份证原件，门票半价优惠。即旺季30元/人；淡季20元/人。

（4）离休干部凭离休证，免费参观。

（5）持有本市社会保障金领取证的人员，凭相关有效证件原件，门票半价优惠。

图3-2-3　故宫博物院票价及优惠政策

4. 项目成果及出项

子问题5：如何为家人演示此次故宫一日游的计划？

子任务5：云云故宫——借助微信小程序进行全景演示故宫一日游计划。

这一阶段在整个项目中最为有趣有味，学生借助希沃平台和故宫微信小程序进行全景演示，从直击特色的开场白，到井然有序的参观路线，再到太和殿的重点参观及其原因解说，不仅是对项目前期的全面复盘，是本项目习得的创新输出，更是对学生口头表达以及逻辑思维的有效训练。学生兴趣盎然，项目效果显而易见。

在台上学生展示成果的同时，台下学生除了聆听之外还要针对同学的展示内容进行提问、并对其综合表现以及语言逻辑进行评价。

5. 反思与迁移

在反思环节中，同学们相互谈论。彼此对文本分析、梳理脉络、提取信息等部分进行重点反思。以下内容来自六（7）班小薛同学的自我反思：

在这一课中，语文和数学碰撞在一起，语文将故宫那气势宏大的样子生动形象地展现在同学们眼前，数学精确地给了同学们故宫具体的模板。在欢声笑语中，让同学们学习到知识。但是文本信息筛选时，不够仔细。

（四）项目评价

本项目中涉及的学习实践类型较少，以文本赏析和信息筛选能力为主，均为内化的能力。

为此过程性评价使用评价量表（表3-2-1）和学习任务单（图3-2-4）相结合的模式，对各个阶段进行自我评价，引导学生拓展相关知识，积极反思，提高自我评估能力，而结果性评价以他评为主，实现评价类型和评价主体的多元化。

表3-2-1 项目化学习成果评价量表

评价类型	评价阶段	基 本 标 准
过程性评价	心向往之	能准确找到课文介绍故宫博物院的特征的概括性的语句
	沿文索道	1. 能够关注并圈画出文中关于故宫的景点以及表示方位的关键句子 2. 能够在关键语句的基础上，完成"研学单"上的路线图 3. 能够有效展示路线图并阐述文本依据
	取舍之下	1. 能在文本中圈画出体现"太和殿"规模宏大、建筑精美、布局统一的语句 2. 能以数学概念感受"太和殿"的规模宏大、建筑精美、布局统一的特征，完成任务三中的计算题 3. 能够由情境迁移到文本，由阅读迁移到写作，完成任务三中的"总结"部分
	量价而行	1. 能够准确地提取小程序截图中的有效信息 2. 能够将汉字准确转化成数学语言 3. 能够准确计算出出行费用

（续表）

评价类型	评价阶段	基 本 标 准
结果性评价	云云故宫	1. 紧扣主题，重点明确 2. 口头语言流畅清晰 3. 能够乐于与他人分享本课已学，并给听者留下深刻的印象

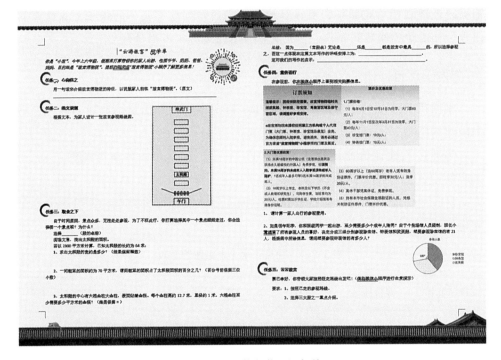

图3-2-4　学生学习任务单

（五）关键问题探讨

1. 突破文理边界，激发内驱力

在传统课堂中，教师和学生对于文理有着极其自觉的边界感。当语文和数学教师出现在同一节课堂中，对于学生而言，新鲜感十足。故而，在项目推进的过程中，学生的兴趣被调动、内驱力被激发，对于问题的探索和解决有着极大的推动力。在项目化学习的过程中，学习不再是为了掌握知识而去学习知识，而是在解决问题的过程，润物细无声地吸收着知识。

当然，对于我们教师而言，这也是超越具体细碎的知识的一次实践，是对

"我们的教育应该培养什么样的人"的一次思考。

2.转换课堂模式，提升思维品质

传统的说明文教学，往往都是教师先把说明文的相关知识抛给学生，然后让学生利用这些知识去套用、去阅读，这就使说明文阅读教学变得死气沉沉、枯燥乏味，学生当然不能吸收运用说明文的文本内容及相关知识。

而情境化的项目式学习，使说明文教学变得鲜活灵动，充分调动了学生的形象思维和抽象思维能力，在任务驱动、问题抛引解决的过程中，学生主动吸收知识，提升思维品质。

三、如何想象一次和外星人的邂逅

课程类型	语文 英语
年　级	八年级
课时数	6课时
所属学校	上海大学附属嘉定留云中学
设 计 者	鲁再萍
实 施 者	鲁再萍　陈鸿佳　陈瑜婷　李致远

随着《义务教育课程方案和课程标准》（以下简称新课标）的颁布，"怎样教""怎样学"再次成为人们热议的话题。而项目化学习被认为是落实新课标的一种重要载体。这种角色意识和授课方式的转变是实施新课标的基础。围绕促进学生的全面发展和个性发展的同时，还要注重学生的学习过程和学习方法，坚持实践性教学。

为落实新课标对核心素养培养的要求，树立与新课程相适应、体现素质教育精神的教育观念，此次项目化学习着力通过阅读与写作，培养学生的创新思维能力。

三、如何想象一次和外星人的邂逅

（一）为什么做这个项目

创新思维能力是思维能力的最高层次，在活动中，可以把这种能力的培养渗透在阅读和写作中，训练学生大胆质疑、发散思维等能力。

自古以来，人们对外星人的猜想层出不穷，虽然人类一直在努力探索外星文明，但时至今日外星人是否存在仍是个未解之谜。人类的想象力是丰富多彩的。外星人到来临时，人类是否做好了准备？将以怎样的方式与外星人相处？是像达菲诗歌中人类敞开怀抱接纳自己的过去、克拉克小说中人类顺从地接受奴役以致消亡，还是像艾萨克·阿西莫夫《诸神自己》的平行宇宙中地球人和月球人的基因结合，抑或是《三体》中的人类与外星人的战斗……为此，上海大学附属嘉定留云中学的学生们开始了一场冲出天际、脑洞大开的头脑风暴，以PBL的方式进行一次科技与想象的碰撞。

这是面向八年级学生的一次线上语文和英语的跨学科项目。中外文化的探讨与交流源远流长。本项目意在引导学生融合语文和英语教材中有关科幻作品的内容，帮助学生感受不同文化差异，同时鼓励学生发挥创造性思维，撰写更多优秀的科幻类文章，进而提高写作能力。

（二）项目设计

1. 项目目标

（1）跨学科核心概念：在阅读和写作中应用创新思维。

（2）知识与能力目标：

一是语文。根据《义务教育语文课程标准》的要求，能够利用图书馆、网络搜集自己需要的信息和资料，帮助阅读；能自信负责地表达自己的观点，做到清楚、连贯、不偏离话题，并创作简单的故事文本和文字资料。

二是英语。根据《义务教育英语课程标准》的要求，英语课程应着力培养的学生核心素养，既体现本课程独特的重要观念、思维方式、实践技能、价值追求对学生的贡献，同时又体现所有课程的共同核心素养，通过阅读和写作来激发学生的创造思维。

（3）高阶知识：

一是问题解决。能够运用创造思维去解决问题，能够经历搜集、筛选到重新创造的过程。

二是创作。能够根据自身预设和借鉴资料去进行具有创造力的文学创作。

（4）学习素养：

一是科学精神。鼓励学生用科学的思维方式认识事物，解决问题，综合运用语文、英语等学科知识尝试解决项目中的问题。

二是审美情趣。引导学生搜集和筛选中外文学作品和影像资料中关于外星人的资料，了解和探求科幻作品中的外星人形象，具备发现、感知、欣赏、评价的意识和基本能力，具有健康的审美价值取向。

三是信息意识。为了适应社会信息化发展趋势，在项目化学习中也涉及信息技术和美术课程，引导学生通过信息科技的手段来进行美工创作。

四是实践创新。学生在问题解决、适应挑战等方面的实践能力、创新意识和行为表现，具体包括劳动意识、问题解决、技术应用等基本要点。

2. 挑战性问题

（1）本质问题：如何运用创新思维解决问题？

（2）驱动性问题：近期国内外各种科幻电影的上映掀起了一场科幻热潮，实际上中外已有大量优秀的科幻作品。

如果有可能，你会如何想象（或规划）一次你和外星人的邂逅？（何时、何处、何"人"、何事）（图3-3-1）

If possible, what is it like to meet aliens in your life? (When, where, who, what)

（三）项目实施

1. 入项

在项目实施之前，教师先与学生们一起围绕自己所知道的有关外星人的知识点进行讨论，了解这方面可以涉及的内容，并要求学生们做好记录，为之后的项目探究作好准备。

正式进入项目后，学生们基于自己的已有认知进行相关的讨论，不断归纳总结。

在活动中，学生需要通过阅读相关文学作品或影视作品，搜集有关外星人的资料，在阅读中筛选符合要求的信息，并采用小组合作的方式，每组设置信息搜集员、插图绘制员、记录员、汇报员，发挥组员的优势与特长，初步设想与外星人邂逅的主观画面和情景并做好记录（图3-3-2）。

三、如何想象一次和外星人的邂逅

图3-3-1 教师讲解主问题

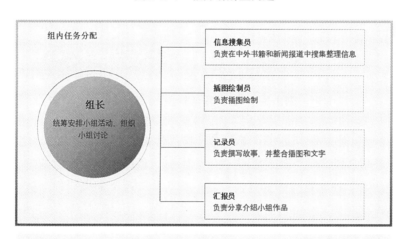

图3-3-2 组内任务分配及小组活动评价表

2. 形成实施计划

子问题1：中外影视作品、书籍报刊中的经典外星人形象是怎样的？

中外文学作品和影视作品中有无数关于外星球生命的内容。学生在线上以小组的形式共同搜集影视中的外星人形象并分类，进而梳理影视中外星人形象的变化规律，探究影视中外星人形象的变化原因（图3-3-3）。

图3-3-3 子问题与小组任务（一）

子问题2：外星人曾出现在哪些中外权威性报道中？

关于外星人的新闻和研究报告也层出不穷。教师组织学生收集纪实报道中的外星人新闻，判断报道中外星人存在的真实性并说明原因，思考能够推理出外星人是否存在的其他途径（图3-3-4）。

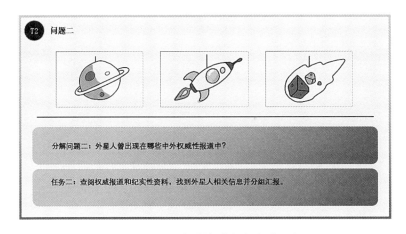

图3-3-4 子问题与小组任务（二）

三、如何想象一次和外星人的邂逅

3. 开展探究实践

子问题3：你认为你有可能在何处与外星人相遇？

宇宙的奥秘是无穷无尽的，遥望苍穹，假设我们与外星人相遇，会在何处呢？是茫茫人海中无意的邂逅，还是浩瀚太空里的奋力追寻？此时学生们充分畅想与外星人相遇的场景和外星人的具体形象，并通过插画的形式描绘出心中的外星人。

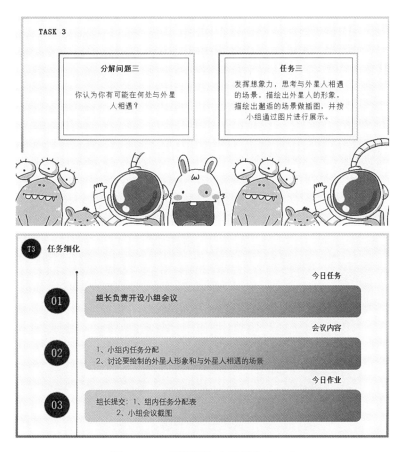

图3-3-5 子问题与小组任务（三）

4. 形成项目成果

子问题4：你们相遇后，会发生什么？

在茫茫的宇宙之中，终究有一颗跟地球环境非常接近的行星。在与外星人相遇后，又会发生怎样的奇闻异事呢？学生们可以用中文或者英语编写与外星人相遇之后发生的故事，小组之间可以进行相互观摩与交流。

经过一段时间的研究讨论，各个小组在行动中不断建构自己对于关键问题的理解，同时也不断完善和优化各自的方案与计划。

5. 出项

由于此项目新奇有趣，得到了学生们的积极响应。虽然是线上学习，但丝毫没有影响大家思考创作的热情。通过小组成员之间的通力合作，大家不仅了解中外文化作品中关于外星人的不同看法，也密切关注到最新的科学研究。在智慧与创新的火花中创作出一幅幅令人惊叹的作品。

对于出项展示的评价主要从两个维度展开，分别是项目方案和成果介绍。其中，项目方案主要围绕项目成果本身进行评估，包括能否体现构思有创新性、能否体现本项目文化、能否体现表达意图等。成果介绍主要围绕现场表达进行评估，包括能否团队合作展示、表达是否清晰完整、能否合理运用各项资源等。最后评选出最佳成果奖以及优秀成果奖（图3-3-6至图3-3-11）。

图3-3-6　八（3）班某学生组的作品

6. 反思与迁移

在反思环节中，学生们运用反思清单来帮助小组共同回顾整个项目学习的历程。大家还对设计制作、团队协作环节进行重点反思，发现团队成员中的沟通协作是项目实施的重要环节。

三、如何想象一次和外星人的邂逅

图3-3-7 八（4）班某学生组的作品

图3-3-8 八（2）班某学生组的作品

图3-3-9 八（1）班某学生组的作品

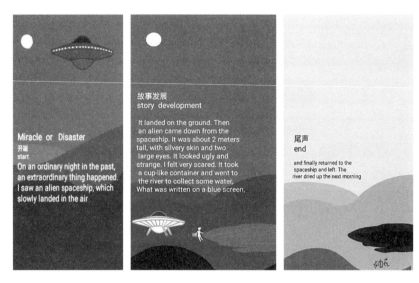

图 3-3-10 八(4)班某学生组的作品

图 3-3-11 八(3)班某学生组的作品

(四)项目评价

1. 过程性评价

对学生学习实践采用过程性评价能有效增强学生的热情,引导学生拓展相关知识、积极反思、提高自我评估能力(表3-3-1)。

表3-3-1 创造性实践评价量规

评价维度	优秀(3星)	良好(2星)	初级(1星)	星级评价
好奇心	我对本项目的创作过程充满了好奇,有强烈的求知欲望	我对本项目创作过程有一定兴趣,愿意探究新的问题	我对本项目创作过程不感兴趣,没有探究新问题的欲望	

三、如何想象一次和外星人的邂逅

（续 表）

评价维度	优秀（3星）	良好（2星）	初级（1星）	星级评价
多样性	我能从很多不同视角看待同一主题或内容，并提出多元化的想法和策略	我需要在同学的帮助下或借助一定的思维拓展工具才能产生不同的想法	我几乎是从同一个视角看待问题的	
创造性	我能自主提出全新的观点或理念	我需要帮助才能产生一些新的想法	即使在帮助下我也很难想出新的观点	
评价改进	我能从不同的角度提出新颖独特的评价建议并成功进行改进和完善	我能提出合理的评价建议，但想法不够新颖独特，改进时较为困难	我几乎不能提出有效的评价建议，改进时有很大困难	

2. 结果性评价

本项目的最终成果采用的是公开报告，公开报告主要成果展示为创作作品展示与师生现场问答。项目学习成果评价量规中的维度有效地反馈了项目成果所包含的核心知识与能力和学习实践的效果（表3-3-2）。

表3-3-2　项目化学习成果评价量规

| 类别 | 评 价 标 准 | | |
	良　好	一　般	须 努 力
项目方案	研究的成果与本项目密切相关	研究成果有一定的价值，内容与本项目有关	研究成果缺乏实际价值，研究内容与项目主题无关
	项目方案描述清晰，能够正确表述设计思路，有完整数据证明，表达准确，没有歧义	项目方案描述基本清晰，能基本表述清楚思路，部分内容存疑	项目方案说明不清晰，无法清楚表述设计思路，内容可信度较低
	应用前景良好，具有持续推广的潜质，适用范围广泛	能够在特定场景应用，局限性较大，改进后可以推广	缺少可应用的场景，不具备推广价值
成果介绍	成果介绍内容完整，思路清楚，生动有吸引力，能以团队形式分享	成果介绍比较完整，实施过程清楚但缺少重点，有团队介绍，但合作不默契	成果介绍内容较空，思路不清，过程缺乏重点和吸引力，缺少团队合作

（续 表）

类别	评 价 标 准		
	良 好	一 般	须 努 力
成果介绍	项目成果具有创造性	项目成果具有一定新意，但独创性不足，有借鉴的成分	项目成果有严重模仿痕迹，缺少创造性和独创性
	具有两个或两个以上的创新点，且能够在实际生活中解决问题	具有一个或一个以上创新点，能够解决实际问题，但比较难实施	成果中无创新点

四、如何宣传中国传统民居

课程类型	地理 语文 美术 信息科技
年　　级	七年级
课 时 数	4课时 2课时 2课时 1课时
所属学校	上海大学附属嘉定留云中学
设 计 者	王文娟
实 施 者	王文娟　熊　俊

中国传统民居因风土人情不同而形成各自独特的风格，它们或精致、或恬静、或威严，以其独有的历史与文化积淀，成为中华传统生活的载体，也是民族情感与记忆的留存。本项目尝试运用项目化学习理念，探究宣传我国传统民居的新路径。通过整合资源，借助外部支持，采用自主学习和小组合作等，在课程实施中形成学科融合，在同一主题下的跨学科学习；通过场馆学习，借助参观走访、课后研讨等形式进行自主学习；形成宣传我国传统民居的自创作品。

（一）为什么做这个项目

古村新韵，文脉悠悠。一座座古村落展示着农耕文明的辉煌，充盈着淳朴厚重的气质，具有重要的历史、文化、科学、艺术、经济与社会价值。2012年，我国建立中国传统村落保护名录制度，实施传统村落保护工程，努力扭转传统村落快速消失的局面，使历史建筑、传统民居和大量非物质文化遗产得到保护传承。为培养青少年对古建和传统民居的热爱与情怀，增强对祖国文化遗产的赓续意识，我们积极行动，选择以传统民居为核心，尝试运用项目化学习理念，整合、引领学生为保护与传承我国传统民居做出贡献。

基于上海大学附属嘉定留云中学的校园文化特色，拓展"云"德育特色的传承式国学教育内涵，该项目通过项目化学习的方式，组织学生通过展馆参观、师生交流、项目协作等丰富的内容发现问题、思考问题并解决问题，引导学生了解我国传统民居，思考传统民居在传承和发展中的现状并能够设计一款有关宣传我国传统民居的作品。

在初中地理课程学习过程中，上课、作业、考试都会接触到大量的建筑景观照片。尤其是七年级第一学期地理（祖国篇）"分区域学习"中采用了大量的传统民居照片分析其建筑风格与自然地理环境的关系。这些"生活中的地理知识"让学生们感触深刻，使他们对我国传统民居与地理环境的关系产生了极大的探究欲望。

（二）项目设计

1. 项目目标

（1）跨学科核心概念：设计思维的应用。

（2）知识与能力目标：

第一，美术。根据《义务教育美术课程标准》的要求，能够根据设计对象的功能选择合适的材料进行构思与设计；能够根据功能需求，利用材料的造型与材质特点构思造型，用添加、剪裁、替换等方法进行加工改造。

第二，语文。根据《义务教育语文课程标准》的要求，能够利用图书馆、网络搜集自己需要的信息和资料，帮助阅读；能自信负责地表达自己的观点，做到清楚、连贯、不偏离话题，注意表情和语气，根据需要调整自己的表达内容和方式，不断提高应对能力，增强感染力和说服力；能提出学习和生活中感兴趣的问题，共同讨论，选出研究主题，制订简单的研究计划。

第三，地理。根据《义务教育地理课程标准》的要求，提出跨学科主题学习活动，强调围绕真实情境中的问题或项目，整合多个学科的知识、观念与思维方式开展综合学习活动，增加参与实践的机会。

第四，信息科技。根据《义务教育信息科技课程标准》的要求，要让学生熟练掌握信息加工软件的图标、功能、特点和界面、视图方式等；学习各类信息加工软件的常规操作技巧和特点操作技巧；选择合适的软件、对原始素材集成、编辑和加工，形成更具价值的信息，体会信息加工的意义和价值。

（3）高阶知识：

第一，问题解决。能够运用设计思维去解决问题，能够经历发现、筛选到重新定义问题的过程。

第二，决策。能够通过对多个问题的综合评价和考量，再根据标准筛选出最值得解决的问题。

第三，系统分析。能够从设计思维的角度出发，从who、when、where、what、why、how六个方面去细化方案，设计产品。

第四，实验。能够根据方案去制作模型并进行反复测试和修改。

2.挑战性问题

（1）本质问题。如何运用设计思维解决问题？

（2）驱动性问题。如果你是小建筑师，如何通过自创作品宣传中国传统民居？

（三）项目实施

1.入项

在项目实施之前，首先与学生们围绕"你所知道的我国传统民居"进行讨论，了解我国不同风格的传统民居，可以涉及地理环境与建筑结构、建筑材料、功能和历史等多个方面，并要求他们将旅游时去过的传统民居照片带到学校，和同学们一起分享，为之后的项目探究做好准备。

正式进入项目后，围绕"你印象最深的我国传统民居是哪一类？体验过程中有什么感受？"以及"你认为宣传我国传统民居作品中有哪些必不可少的元素或环节？"开展讨论，基于讨论探究以及课堂的一系列追问，学生不断开始归纳总结出宣传传统民居作品的要素,如建筑材料、建筑结构、功能、历史、美学、与自然环境的关系等,并再将其沿用到自己想宣传传统民居的作品中。于是,教师顺着学生们的讨论内容,提出问题传统民居的知识和文化是不是可以通过自创作品的形式表达出来,并引导学生举一些案例。学生们开始发现宣传作品中体现了设计、逻辑、推理等过程,可以激发进一步学习知识的兴趣。

经过几轮讨论,激发出学生的兴趣,于是教师顺着学生的讨论,正式抛出项目的驱动性问题并提出困扰:"如何让传统民居被广泛了解与热爱?"进一步强调了项目的意义与价值。

得益于一系列的师生互动,学生对于驱动性问题已经有了比较完整的认识,充分理解了项目产生的背景、需要解决的问题以及期望达成的目标,并且由于该项目中学生既是"小建筑师",也是"传统民居游客",因此他们对项目中内容的学习与实施产生了浓厚的兴趣。

2. 形成实施计划

子问题1:我如何走近并了解中国传统民居?

为了有效利用课堂时间以及校内外资源,整个项目通过课内外融合的方式进行。课前,学生根据学习单上的问题进一步思考如何走近并了解中国传统民居。

为了帮助学生初步了解我国传统民居的相关内容,地理教师以南翔老街示范传统民居与自然地理环境的关系,让学生了解地理学知识,并引导他们进行知识梳理,形成相关的思维导图。

由于在此次课程中,需要学生合理运用课余时间进行自主性学习,为了保障研究过程的系统性和科学性,项目团队需在学习单中填写"研究计划表"部分,引导学生自主探究中国传统民居的路径,在小组讨论中制订计划、明确流程、选择方法,从而帮助学生达成探究中国传统民居知识与文化的目标。

有的小组选择走进嘉定图书馆进行资料查找,通过查阅书籍资料、电子资料系统了解中国传统民居的知识;有的小组选择参观嘉定南翔老街,通过实地考察感受传统民居,对中国传统民居的传承现状有了更深入的认识。

3. 开展探究实践

子问题2:如何解决学生们对中国传统民居了解不足的问题?

通过每个小组之间的课堂分享,学生们对中国传统民居的了解有了更全面的认识,思考深度逐步从最初表面的知识深入到传统民居传承与开发不足的原因。为了更好地支持不同小组解决他们差异化的问题，教师下沉到各个小组开展针对性、阶段性的活动交流。针对各小组不同的研究内容，教师将课堂组织的重点放在引导学生学习"如何获取未知的知识与技能"以及交流"学到的方法和概念"等共性活动上，帮助学生提升知识获取和问题解决的能力，支持开展个性化的研究和实践。例如：

（1）借助互联网资源，搜索一个地域的基本情况；通过新浪博客观察他人在当地民居的居住体验与感受；从中国知网下载专家的相关论文或文献。

（2）通过组内讨论和思维碰撞，解决认知冲突与尚未理清的问题。

（3）针对成果进行合理分工并制订切实可行的计划。

经过一段时间的研究讨论，各个小组在行动中不断建构自己对于关键问题的理解，同时也不断完善和优化各自的作品方案与计划。

4. 形成项目成果

子问题3：如何设计可以欣赏的中国传统民居宣传作品，并将方案的思路和模型呈现出来？

本阶段在整个项目实施期间较为重要，其间也容易遭遇瓶颈期，因此耗时较长，学生分组开展实践研究并形成自己的项目成果，活动主要采取课内外结合的方式进行，在课内，学生以小组探究的形式开展，交流沟通各自的任务推进情况，教师从旁协助；在课外，学生各自完成任务，共同努力推进项目。由于七年级学生对于美术技能运用具有一定的基础，再结合语文课程、地理课程、历史课程以及信息科技课程的相关知识与技能，成果作品主要以手绘报、电子小报、小导游视频或制作传统民居模型等形式呈现。

本项目活动中形成的学生宣传作品还有诸多不足之处，并不一定是能直接解决问题的作品，但是它能一定程度解释和呈现学生对于驱动性问题及关键问题的理解与思考。

（1）地理手绘报：学生们很喜欢这种图文并茂的作业，可以给他们很大的创作空间和展示的机会。大美祖国，多彩民居。通过制作手绘报，学生们更好地了解五彩缤纷的世界，在点滴之中感受地理之美……（图3-4-1）

（2）电子小报：在地理教师的指导下，学生广泛查阅资料，结合自己的兴趣爱好，编辑整理、设计了一张张图文并茂、内容丰富、设计精美的电子小报。学生通过电子小报，赋予传统民居形象之美，在培养地理兴趣的同时，较为轻松地掌握了相关知识（图3-4-2）。

七（1）班小刘同学

七（1）班小梁同学

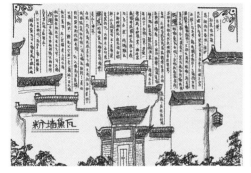
七（3）班小谈同学

七（3）班小苏同学

七（2）班小张同学

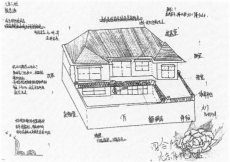
七（6）班小殷同学

图 3-4-1　学生制作的地理手绘报

四、如何宣传中国传统民居

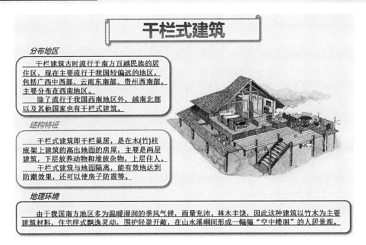

图3-4-2 学生制作的电子小报

（3）地理模型：可以培养学生的动手能力，进一步培养学生地理学科的核心素养、综合思维、地理实践力、区域认知和人地观念（图3-4-3）。

（4）小导游视频：选择国内某一传统民居，制作宣传视频，编创导游词向大家讲解其特色、作用以及与地理环境的关系。

当一个个的作品展示出来时，我们看到的不再只是手绘报、电子小报、模型或小导游视频，而是大美祖国的缩影，让人不由对作品中描绘的一方水土心驰神往，同时加深学生对地理学科的热爱。虽然我们暂且不能畅游祖国，但我们依然能够心怀远方，以自己的方式向祖国问好。

七（4）班小袁同学

图3-4-3 学生制作的地理模型

5. 出项

在出项阶段，各个小组分别上台展示和分享自己在这个项目中的学习成果，通过相关手绘报、电子小报、小导游视频或传统民居模型等方式表达自己对驱动性问题和关键问题的理解，借助所制作的中国传统民居宣传作品展示指向驱动性问题的解决方案。台上学生展示成果的同时，台下学生除了聆听之外，还要针对项目的成果和研究的过程进行提问，并对其综合表现以及作品呈现进行评价。

（四）项目评价

1. 过程性评价

对学生学习实践采用过程性评价能有效增强学生的热情，引导学生拓展相关知识，积极反思，提高自我评估能力。本项目对中国传统民居宣传作品的创作和展示进行过程性评价（表3-4-1）。

表3-4-1 创造性实践评价量规

主题		组名		姓名	
项目	评价标准	自我评价	组长评价	家长评价	老师评价
制订计划	小组分工明确、计划合理				

（续表）

项目	评价标准	自我评价	组长评价	家长评价	老师评价
材料搜集	搜集材料方法运用恰当，成果丰富，资料整理笔记完善				
小组合作	学习态度端正，积极发言，积极参与讨论与交流				
	大胆质疑，大胆尝试并表达自己的想法				
鼓励自己的一句话					

2.结果性评价

本项目的最终成果采用的是公开报告，公开报告包含宣传作品、策划案陈述，师生现场问答三个部分内容。项目学习成果评价量规中的维度有效地反馈了项目成果所包含的核心知识与能力、高阶认知策略及学习实践的效果（表3-4-2）。

表3-4-2　项目化学习成果评价量规

评价维度		评价标准	星级评价（一星至五星）
作品创作	准确度	无科学性错误	
	完整度	尽可能多方面展现	
	形象度	直观，美观	
成果展示	内容	科学，完整，有概况	
	表达	大方，洪亮，能脱稿	
	形式	新颖，互动，幽默感	

（五）关键问题探讨

"宣传中国传统民居"项目化学习，立足学生生活实际，以任务为驱动，以问题为导向，打通学科边界，将地理、历史、语文、美术、信息技术等学科结合起来。项目在探索与实践中培养学生的学习力、生活力，在创作中培养感受幸福的能力，这是一份珍贵的体验和收获。

通过本项目的研究学习，学生能进一步了解我国各种传统民居的结构形态与其相应地区的地理环境特征，感受我国建筑文化博大精深的魅力，体会我国地域文化的丰富多样性，树立因地制宜、天人合一的思想。

少年画民居，在少年心中留下文化的种子。笔意的稚拙有一种美，更重要的是经由画笔的诠释，少年们能够建立自己的认识和情感。相信在未来的日子里，这些种子能培育出美丽灿烂的民族文化之林。

第四部分

PBL 小助手：SEL 在教育教学中的运用

一、好好说话，与爱同行

王文娟

（一）背景说明

1. 班级学情简介

在经历了一段长时间的线上教育后，从线上"键盘侠"延伸出来的"语言暴力"正成为一个让家长、学校、社会共同关注的问题。班内学生年龄为12岁或13岁，正处在青春叛逆期，他们的生理和心理发展都会出现不稳定的状态，从而很容易通过语言暴力宣泄情绪，造成同伴间冲突，对他人产生伤害。因此，能够意识到自己的行为给他人造成伤害，并有意识地控制语言欺凌行为，是本节课探讨的问题。

2. 选择本课题目的（立足希望解决的实际问题）

七年级开学两个月内，班级里发生好几起学生冲突事件。这些事件多由同学间的矛盾引起，可见学生们不善于通过言语沟通来化解矛盾与误会。为了提高学生们的沟通技巧，引导建立良好的人际关系，营造和谐团结的班级氛围，"好好说话、与爱同行"的主题班会应运而生。

3. 预期通过本节课所达到的目标

（1）通过活动识别语言欺凌在校园中的现象，理解这种行为对自己和他人的危害，理解好好说话的重要性，掌握好好说话的沟通技巧；

（2）面对人际冲突时，学生能放下情绪，运用合理的沟通技巧化解矛盾；

（3）在日常生活中，学生养成文明用语的习惯，善于用正能量的话语温暖他人、增进同学之间的相互理解，形成互助互爱、团结向上的班级氛围。

（二）活动内容

1. 导入新课——游戏体验："夹糖果"

教师组织游戏——"夹糖果"。学生以小组为单位参与体验夹糖果，最快完成的小组学生说出成功的感受与想法。

教师小结：无论遇到什么事，首先要心平气和，冷静处理，其次同学之间要同心协力才能更好地做好每一件事，团结才有力量。一个健康向上的班集体要有互帮互助、团结友善、宽容承让的氛围，大家才能更好地学习和生活。七年级开学以来，我们班级部分男生对女生语言欺凌导致女生情绪崩溃，还有男生之间因口角而大打出手等事件。这些语言欺凌行为已经给同学们造成了伤害，影响了班级团结向上的氛围。今天，我们就一起来探究如何向语言欺凌说不，学会如何好好说话。

设计意图：热身活动"夹糖果"游戏活跃课堂氛围，转折导入本课主题。

2. "班级调查"分析行为

课前调查："班集体生活中，你最不能容忍的事是什么？"将这些不能容忍的事情一一列举，从中归纳语言欺凌的含义，辨析语言欺凌的行为。

教师小结：我们不难发现，语言欺凌行为就在我们的身边。你认为的一个玩笑、一句话、一个举动，就可能已经对别人造成了伤害。

设计意图：通过真实调查让学生意识到原来在无心、无意中，我们也或多或少、或轻或重地做了校园欺凌者，从而意识到自己行为的错误。

3. "体验欺凌"知危害

活动一：体验"受伤害的心"活动，让学生们认识到语言欺凌的危害。

具体操作：每个小组拿到一颗爱心，组员回忆曾经受到的语言欺凌。每想起一句曾经伤害过自己的话，就揉抓这颗爱心一次，再把红心传给下一位同学，直到小组的最后一位同学回忆完毕并代表本组将红心贴在黑板上。

教师让学生观察这些"伤痕累累"的红心，引导学生得出结论一：在充斥着语言暴力的环境中，没有人可以独善其身，所以我们要努力改善所处的环境。

请两位学生想办法抚平"伤痕累累"的红心，引导学生得出结论二：受伤的心再也无法恢复以前平展舒缓的状态，有些伤害无法挽回。

教师小结：有些身体的伤害是暂时的，但语言暴力的伤害却是长久的。

它不仅会侮辱受害者的人格、损伤其自尊和自信,还会摧残其心理健康,严重的还会导致受害者心智失常,丧失生活勇气,引发违法犯罪、自杀等恶果。

设计意图:通过这个小活动的设计,让学生亲自感受到施暴他人后就算及时道歉也难抚平内心创伤,所以学会"护人"会让自己更快乐。同时体会被施暴时自己的内心感受,从而坚定自己不做施暴人的信念。体验式活动更让学生有参与感,更能真实地触动其内心。

4."影入人心"引思考

活动二:观看电影《悲伤逆流成河》片段,让学生意识到语言的杀伤力不可小觑,对于自尊心弱的人来说,一句话、一个眼神、一个不经意的动作,都有可能在他们心中留下一生难以磨灭的阴影。

校园语言欺凌不仅对个人造成影响,也对学校风气和德育工作有影响,严重的可能还会影响正常的教学活动。教师给学生们讲解校园欺凌所要付出的代价。

教师小结:校园语言欺凌事件多由很小的矛盾引起,因同学之间不善于通过言语沟通来化解矛盾与误会,从而导致矛盾升级。为了提高同学们的沟通技巧,建立良好的班级人际关系,营造和谐团结的班级氛围,让我们一起"好好说话,与爱同行"。

设计意图:通过电影分享和法律层面的学习让学生明白语言欺凌的危害以及要付出的代价。

5."好好说话"促团结

(1)理性层面:好好说话,解决问题。

一是讨论情绪与行为的关系,引导学生在发生人际冲突时放下情绪,好好说话。

二是通过辨析小品、情景讨论等活动,帮助学生掌握"长颈鹿语言"模式这一沟通技巧,学会如何在同学交际中好好说话。

(2)感性层面:好好说话,与爱同行。

一是欣赏视频,意识到语言对自己和他人蕴含着能量。

二是学生根据老师给出的模板,用文明的、正能量的语言反思自己,鼓励自己,赞美他人。

6."深入人心"书真情

教师给学生布置两个任务,请学生们执笔抒发内心的真实感受:

（1）以"谢谢你"为主题，向曾经在你或身边的人被欺凌时伸出援手的人说一段简短的心里话；

（2）以"对不起"为主题，向你曾经有意无意欺凌过的对象说一段简短的心里话。

设计意图：掌握"长颈鹿语言"沟通技巧，学会在同学交际中好好说话，从而自信且成功地应对人际关系，保持愉悦的心境，积极应对学习和生活。

（三）教师总结

青春不只是明媚而灿烂的，语言欺凌也的确存在于我们的现实生活中。作为新时代的学子，我们要学会尊重，学会理解，学会乐观，学会分享，学会爱……愿我们每个人的青春都会被温柔对待！

设计意图：通过书写真情的活动使学生在遇到人际矛盾时能够从更多的角度来思考问题，从而调整情绪，好好说话，打造良好的人际关系。

（四）作业

回忆最近一次与他人产生矛盾的场景，思考如何改进以及表达自己的想法。

将所学运用于现实问题。

场　景	
原先做法	
改进做法	

（五）专家点评

（1）教师能够及时发现学生间存在的语言暴力等问题，并希望通过SEL课程进行解决。的确，语言暴力的发生大多是情绪无法得到宣泄所造成的，这在情绪不稳定的青春期阶段很常见。作为教师既要避免这类问题的发生，营造健康和谐的学习环境，也要注意方式，选择学生愿意接受的方法进行教育和引导。

（2）教师在教学设计中不能单纯地只讲道理，更要通过体验式的活动激发学生的内在体验，这是很重要的教学策略。当学生感受到施暴与受暴带给自己的情感冲击时，才可能发自内心地愿意调整行为，寻找解决问题的方法。

二、坚持自我

侯玮婷

（一）背景说明

1. 班级学情简介

九（4）班学生自我意识较强，但部分性格内向的学生由于学业压力和人际关系等问题，容易人云亦云，产生从众心理，丧失思辨能力，继而丢失自信。部分性格外向的学生容易冲动决定，无法耐心倾听不同声音。

2. 选择本课题目的（立足希望解决的实际问题）

本课旨在唤醒学生们的自信，学会坚持自己的想法，在讨论中合理表达自我，并倾听不同意见。

3. 预期通过本节课所达到的目标

学完本课后，学生们可以：

（1）在听取了别人的想法或做出决定后，仍能坚持自己的想法。

（2）知道绝大多数观点并不总是正确的，能够在不同的情况下，经过分析和判断，在坚持自我与迎合集体中做出负责任的选择。

（二）活动准备

（1）全班分成四至五个小组。

（2）每组选择一位学生领取图片B，本组的其他学生领取图片A。

（3）学生只能看自己手中的图片，不允许看其他人的图片。

设计意图：学生之间存在信息差异，为"坚持想法"活动奠定基础。

（三）小组活动

（1）看清自己的图片，记住图片中的内容，将有图的一面朝下放在桌子上。

二、坚持自我

（2）小组讨论，回答下列问题，并将小组一致通过的答案写在纸上。
- 图片中有多少人？
- 有几名孩子和几名成年人？
- 在火炉前有几只小狗躺在垫子上睡觉？
- 你能看到几扇窗户？
- 桌子周围有几把椅子？
- 窗帘是打开的还是拉上的？

设计意图：学生之间除了信息差异，还有记忆偏差，为小组讨论增加不确定性，为"坚持想法"增加难度。另外，小组讨论中的从众效应、领导力话语和沟通能力，为"坚持想法"增加难度。

（四）回答问题
- 在你们小组中，意见容易达成一致吗？
- 最终的答案，是小组中每个人都同意的吗？
- 当有人不同意时，你们小组是怎么确定小组答案的？
- 有哪位同学一直坚持自己的观点？
- 和组中其他人的观点不同时，感觉怎么样？
- 有哪位同学放弃坚持自己的观点？为什么？

设计意图：反思小组讨论中，表达和倾听的重要性，体会"坚持想法"的困难所在。

（五）总结反思

得知领取的图片不同后，说说参与这个活动有什么感受？
设计意图：体会"坚持想法"的重要性。

（六）作业

回忆最近一次和他人有不同意见的场景，并思考如何改进并表达自己的想法。

场　景	
原先做法	
改进做法	

将所学运用于现实问题。

（七）专家点评

（1）教师抓住了学生在群体中容易产生的基本矛盾作为教学切入点，的确，坚持主张与迎合融入，学生在选择时很容易产生困惑，不知道该如何把握。这符合学生当前年龄段的心理发展特征，他们既希望被环境认可，又希望展示自我的独特。这是青春期同一性整合问题。借助专门的课程帮助学生完成同一性整合，是有效的方法之一。

（2）这节课教师设计了有趣的体验式活动，通过活动激发情绪、促进思考、总结提升，符合体验式学习的设计思路，能够有效引导学生建立从情绪入手，逐渐过渡到理性思考的解决问题路径。

三、我的边界感

陈 溪

(一) 背景说明

1. 班级学情简介

六(5)班学生性格各异,个性鲜明,刚步入初中阶段,同学间相处时经常会出现小矛盾而闹得不愉快,对于校纪校规的重视程度也不够高,需要教师介入处理。

2. 选择本课题目的(立足希望解决的实际问题)

学生在交往玩闹的过程中,经常会发生出人意料的争执,究其原因,大多是一方以为自己的某个举动属于玩闹,但另一方觉得对方的行为触及了自己的边界,属于挑衅或侮辱。本次班会,希望能减少班级中此类"非故意"矛盾的发生,营造和谐有序的班级氛围。

3. 预期通过本节课所达到的目标

探索发现自己的社交边界,认识到每个人社交边界的不同,尊重彼此的边界,讨论在学校这个场合中应有的边界。

(二) 活动内容

1. 装饰我的小房间

每人发放一张白纸,在纸的中间画一间自己的小房间,想一想自己房间里的摆设,小房间代表自己的心理私密空间。

2. 介绍我的小房间

随机抽取两位学生介绍自己的房间,对比其他同学房间的不同点,明确每位同学的房间大相径庭,感受同学之间的差异性。

3. 我的心灵房间

（1）展示案例：被朋友翻看日记、和同学互穿校服、被插队、被朋友当众指出缺点……

认为可以接受案例中行为的同学把关键字写到自己的房间里，反之则写在房间外。

（2）自由创作：回忆这一段时间在学校中的所见所闻，将其中不能接受的社交行为写在自己的房间外。

4. 参观同学的小房间

小组讨论，小组成员的哪些"房间外"的行为是自己可以接受的，将之写到自己的房间内。相互讨论不能接受这些社交行为的原因。

5. 展示我的小房间

每个小组选派一位代表发言，讲述自己的房间和其他成员的房间有什么不同点和相同点。讲一讲当发现同学的不同装饰内容时的感受。

询问班级中其他同学在听完分享后的感受。

6. 如何在实际生活中避免边界矛盾

既然每个人都有边界而且各不相同，那么我们每天在一起生活和学习，当发生冲突的时候，你能用今天的边界问题来解读其中的缘由吗？

展示案例，思考遇到边界冲突时该如何解决问题。

7. 教师总结

每个人都有自己的边界，那不同场所有没有自己的边界呢？在学校里我们有什么可以做的事？有什么超过边界不能做的事？我们所在的教学楼是不是有不一样的边界？在纸的背面，写一写你认为的"学校的边界""教学楼的边界"，想想两者有什么不同。

（三）设计意图

小房间代表着自己的心理私密空间，通过绘制房间，可以直观地感受到自己内心世界的存在，同时可以在彼此的小房间的对比中发现每个学生内心世界的不同，帮助学生发现自己的边界，感受彼此内心世界的差异。

学生通过绘画探索自己的社交边界，了解其他同学的社交边界，分析和自己的相同点和不同点，学会尊重彼此的社交边界，获得与人相处的边界感。

教师总结，进一步启发学生探索场所的边界。

（四）作业

思考"学校的边界"与"教学楼的边界",想想两者有什么不同?

（五）专家点评

（1）教师设计和选取的活动具有一定的心理学意义,有心理学原理的支持,通过教学,不仅在认知层面可以影响到学生,也可以在潜意识中工作,帮助学生理解自我。

（2）这篇教学设计的目标单一、简洁、有针对性。教学环节的设计基本围绕目标展开,通过三个层次帮助学生理解"心理边界"的概念,发现自己与他人边界的不同。

四、求同存异

葛铭嘉

（一）背景说明

1. 班级学情简介

六（9）班的学生活泼好动，精力充沛，对新学校和新同学充满了好奇。在开学初的一个月内，学生们尚未形成集体荣誉感，班级内也曾发生了数起违反班规的事件。

2. 选择本课题目的（立足希望解决的实际问题）

理解和接纳每一个人的不同，是尊重的基本体现，也是建立合作共荣的班集体的前提条件。希望学生认识到自己身处于六（9）班这个一荣俱荣的班集体中，在自觉遵守班级共同制定的公约的前提下，教师与学生愿意接纳并包容自己的独特之处，同时也能积极主动地在集体中发挥自己不可取代的作用。

3. 预期通过本节课所达到的目标

知道共性与个性的内涵；通过"拼接车厢"活动，认识到每位学生发扬个性的前提是保持班级的共性；感受到班集体的建设既需要每一位同学的聪明才智，更离不开全体同学的共同付出。

（二）课堂环节

1. 设计并介绍我的专属车厢

每位学生以"我的专属车厢"为主题，以侧面透视图的方式来设计一节能够代表自己的车厢，包括车厢主体、车厢内的物品和装饰品、车轮以及车厢与车厢间的连接口等。随后，与身边的同学分享自己的车厢，并向大家介绍自己的设计灵感，并为其他同学分享的车厢评选"最（ ）的车厢"。

设计意图：以绘画的形式探究内心深处的"本我"，展现出个人的兴趣爱好与性格特质，并通过相互交流与评选，直观感受每个人的与众不同、独一无二的个性。

2. 将车厢拼接起来

3～4位同学为一小组，将组内的车厢拼接在一起，思考：车厢与车厢之间能否拼接成功？拼接成功后的列车是否具备整体和谐感？不能拼接成功时，假如每节车厢都能有一次修改的机会，你们会怎么修改才能让车厢能够拼接成功？能够拼接起来的车厢，存在哪些相同或相似的设计元素？当你看到大家的车厢因为有共同之处而拼接起来时，是一种什么感受？你觉得自己的车厢有什么地方给这趟列车加了分？有什么元素破坏了列车的整体和谐感？

设计意图：通过将自己的个性与他人的个性相互比较，总结出班级的共性，并认识到个人强烈的个性可能会影响甚至妨碍集体的共性。

3. 打造班级的梦幻列车

学生们相互合作，自主商讨制定出统一的车厢标准，如尺寸、连接处的结构、车轮大小等，并将各自的列车进行适当的修改，让它们形成一趟在符合统一标准的前提下，每节车厢都带有独特个性的班级梦幻列车。

设计意图：通过自主商讨指定统一标准，认识到保持集体共性的重要性，并理解发扬个性的前提是保持共性，共性又能为个性的发扬提供稳定的平台。

（三）作业

结合班级集体的共性与每个人的独特个性，每位学生尝试为班级的梦幻列车设计一台车头，并为列车取一个好听的名字。

设计意图：在认识到个性与共性之间的共生关系后，探寻两者的平衡，尝试在保持共性的前提下发扬个性。

（四）专家点评

（1）教师的设计符合六年级学生的学习特点，在活动中体验和领悟。学生在参与过程中，能够深切感受到个体与集体之间的关系，这种影响是潜移默化的，也是有深刻用意的。

（2）这篇教学设计的目标单一、简洁、有针对性。教学环节的设计有趣味、有深度，教师能够巧妙地运用隐喻讲道理，关注学生的交流感和体验感，给学生创造了自我感悟的机会。

五、情绪管理

滕林林

(一)背景说明

1. 班级学情简介

六(3)班有女生21人,男生20人。开学之初,出现女同学因情绪不稳定而与男生发生冲突的情况。

2. 选择本课题目的(立足希望解决的实际问题)

学生间的很多冲突都是由情绪失控引发的,关注情绪管理是解决学生间冲突的根本问题。情绪没有好坏对错,需要被理解,但由情绪引发的行为经常会对自己或者他人造成伤害。因此,需要给学生提供一个认识、理解和调整行为的工具,帮助他们在情绪来临时,既可以照顾好自己的情绪,同时也能调控好自己的行为。

3. 预期通过本节课所达到的目标

在与同学的交往中,能通过情绪管理三步骤,很好地管理自己的情绪;从情绪的角度理解同学,建立团结有爱的班级氛围。

(二)情境体验

几个同学将昨天发生的一起典型的同学间的冲突事件表演出来。

情境:课间因为一位男同学说了一句"你太逊了",另一位女同学直接把男生的笔袋扔到垃圾桶里,还在他的桌面上贴胶带。男孩子反击,双方打闹起来,并且越演越烈。

设计意图:让学生了解事件具体情境,对事件本身感同身受,从而引发接下来的探讨。

（三）提问讨论

教师提问，学生小组讨论：

（1）上面情境中发生了什么？两个同学分别是什么情绪？他们的情绪在事件发展过程中，有没有变化？

（2）两位同学用什么行为宣泄自己的情绪？想一想，这些行为继续发展下去会产生怎样的后果？受伤害的人可能是谁？

（3）你们会遇到有情绪的时候吗？有情绪的时候你们会选择一样的做法和行为吗？如果是你，你会选择让自己的情绪平稳下来还是继续发酵造成更糟糕的后果呢？

设计意图：激发学生在观察与聆听中学习，并且能通过正反两面来思考事件和冲突的原因；

引导学生看到受情绪影响的行为会伤害到双方，引发更为糟糕的后果。

（四）技能提炼

师生问答：

（1）理一理，发现自己的情绪。

（2）想一想，冲动情况下的行为会造成什么后果？

（3）找一找，还有什么方法既可以宣泄情绪，也可以避免伤害？

设计意图：通过前期对事件发生根本原因的探讨，让学生自发思考事情的解决方案，从而在今后的生活和学习中具备自我情绪控制和危机解决能力。

（五）练习应用

请两位学生针对昨天发生的冲突，利用情绪管理的三步骤来展开自我分析，并用实际行动来解决矛盾，从而让同学关系更加和睦。

其他学生思考并回答问题：可以宣泄情绪并避免伤害的方法还有哪些？

设计意图：在真实的世界中练习情绪管理的方法，实践验证。

（六）作业

回想一件令你伤心的事，说说以后的你可以怎么利用情绪管理的三个步骤控制好自己的情绪。

设计意图：在思考中培养学生形成良好的情绪管理和自我解决问题的能力。

（七）教师反思

关于情绪管理这个主题，包含的内容是很多的，如认识情绪、接纳情绪、情绪的辨别、情绪的表达、情绪的管理等。一节课就想解决全部的情绪问题是很难的，需要多设计几节有关情绪管理的课程，帮助学生深入地理解情绪，真正有效地管理情绪，以达到修正行为、减少冲突的目标。

为了解决最近几起发生在男生与女生之间的矛盾，特意设计基于SEL的幸福课程，让学生们明白双方的情绪都不好时不要恶语相向，而是应该先控制自己的情绪，不要让事情变得更加复杂。另外，课上也探讨了不文明语言和行为，明白了同学之间互相关爱、团结，对于整个班级的凝聚力建设有着重要意义。

（八）专家点评

（1）情绪问题是众多矛盾冲突的源头，教师选取了这个主题作为教学内容是很有必要的，而且很多问题的解决都需要先进行情绪的处理，我们需要引导学生关注自我情绪，在理解自我情绪的基础上进行主动的行为调整。这是个很好的设计思路。

（2）这篇教学设计中除了情境讨论、启发思考、技能提炼等环节，还增加了练习环节。练习环节的设计在以往的品德课上是比较少的，但要想让学生把具体的技能落实下去，光有认知上的道理是不够的。教师通过情境创设，给学生提供了练习的机会。这种模拟练习既有助于学生巩固技能，又相对比较安全。

六、人际交往

李致远

（一）背景说明

1. 班级学情简介

在八（4）班这个新形成的班集体中共有32位学生，男生18位，女生14位。自开学之初，在班级微信群内发生几次冲突与争吵，主要是因为交流问题引发了矛盾，导致同学关系紧张。

2. 选择本课题目的（立足希望解决的实际问题）

针对同学间的人际关系矛盾冲突，希望通过SEL幸福课程帮助学生学会如何礼貌交流，解决实际学校生活中和网络交往中的矛盾与冲突，从而化解危机。

3. 预期通过本节课所达到的目标

通过学习"责任的饼"SEL技能工具，帮助学生在冲突时能减少情绪宣泄，积极关注解决问题，以彼此尊重和共同承担责任为前提，形成包容、团结、积极向上的班级氛围。

（二）情境体验

冲突事件情境：下课时，甲同学拉另外乙同学一起去上厕所，但是后者不愿意前往，因此两人发生口角。其他同学围观，直到上课铃响。

设计意图：让学生了解事件具体情境，对事件本身感同身受，从而引发接下来的探讨。

（三）提问讨论

教师提问，学生小组讨论并回答：

（1）两位同学在事件发生时分别处在怎样的情绪状态？其他同学的情绪是怎样的？

（2）发生冲突的两位同学对的行为和错的方面分别有哪里？

（3）用饼图表示同学们分别在本次事件中承担多少责任。

（4）全班一起探讨引发本事件最根本的原因。

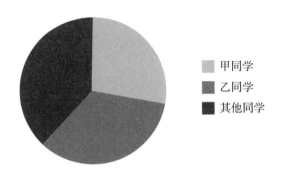

（5）深入思考：学生微信群内，同学A在群聊中声称自己有同学B的照片。同学C看到后非常好奇，因此在群内索要。同学B看后非常生气，与同学C人在群内互相指责，恶语相向。提问：两人之间的冲突应当如何妥善解决？

设计意图：使用饼图呈现责任划分，勇于直面自己的责任。激发学生在观察与聆听中学习，并且能通过正反两面来思考事件和冲突的原因。

（四）技能提炼

同学们应该如何更好地控制自己情绪，采用合适的方式表达自己，从而化解危机？

设计意图：让学生自发思考事情的解决方案，达成一致后，在今后的生活和学习中具备自我情绪控制和危机解决能力。

（五）练习应用

涉事同学采用大家探讨出的方式进行和解。

设计意图：实践验证达成的解决方案。

（六）作业

生活中，你是否与其他同学发生过冲突？请具体描述原因和经过。当时你是如何解决的？是否已经和解了？如果回到过去，你能否能在最短的时间内化解危机？

设计意图：实践情绪管理。

（七）专家点评

（1）这节课教师观察到了学生人际关系中的问题，想到用"责任的饼"这个技能工具来解决。SEL课程与思想品德课程的不同就是把道理用方法和步骤的方式呈现出来，让学生能够在遇到问题时有抓手，用得来，有效果。这节课教师关注学生技能的学习，希望用具体的技能指导学生的实践，在运用的过程中形成良好的情感和态度。

（2）课程的设计从具体的情境开始，通过一连串的问题讨论引出"责任的饼"，并将利用"责任的饼"解决问题的过程总结成步骤和方法。情境前后呼应，前面提出问题，引出学习讨论；后面练习，给学生课堂实践的机会。这个设计也很符合技能学习的要求，有趣且有效。